Bisher im **Loewe Verlag** erschienen:

Band 1: Fanny Cloutier –
Das Jahr, in dem mein Leben einen Kopfstand machte

Band 2: *Fanny Cloutier –*
Das Jahr, in dem mein Herz verrücktspielte

Stéphanie Lapointe

Das Jahr, in dem mein Herz
verrücktspielte

Illustriert von Marianne Ferrer

Aus dem Französischen übersetzt von Anne Braun

Band 2

ICH BR

DI

Für meine kleine Blume, Marguerite.

Und auch für dich, meine schöne Margaux.

AUCHE
CH

Freitag, 3. März

Hallo, Tagebuch,
ich bin's, Fanny.

Ich weiß, ich wollte dir eigentlich noch nicht schreiben. Ich wollte mit meinem zweiten Tagebuch erst anfangen, wenn ich in Japan bin. Aber ich brauche dich jetzt schon, sofort.

HIER LÄUFT ALLES AUS DEM RUDER.

Mit »hier« meine ich Sainte-Lorette, mein neues Zuhause. Seit fast drei Wochen wohne ich nicht mehr bei Lorette, André und Henri, sondern bei Leonie und Sylvie. Kannst du das glauben?

Tja,
womit fange ich an?

Mit dem Anfang, Fanny.
Ja, ich weiß, gut. Ich versuch's.

Nur zu deiner Erinnerung, Tagebuch: Vor genau zwei Monaten bekam ich das schlimmste Geburtstagsgeschenk aller Zeiten, an dem Tag, als Dad zum zweiten Mal in seine neue Heimat Asien aufbrach. Mitten im überfüllten Flughafen ließ er mich wissen, dass ich nach Japan nachkommen müsse. Glaub mir, seither tue ich alles, was ich kann, um ihm begreiflich zu machen, dass es der größte Fehler seines Lebens wäre, mich dazu zu zwingen. Aber Dad stellt sich stur, denn sein Traum, ein großer Erfinder zu werden, hat ihn für alles andere blind gemacht.
Feigerweise hat er mir seine Pläne in einem Brief mitgeteilt, den ich erst nach seinem Abflug lesen sollte.

Damit ich nicht in aller Öffentlichkeit ausflippen würde.

==„Alles wird gut werden, Fanny. Vertrau mir!"==

Pfff!
Der schwachsinnigste Satz auf Erden.
Stammt natürlich von ihm.

Dad war schon immer gut darin, sich hinter Worten zu verstecken, so wie andere hinter schönen Klamotten. Und jedes Mal, wenn ich jetzt am anderen Ende der Leitung in Tränen ausbreche, sagt er nette Sachen, total ohne Sinn. Damit stößt er bei mir immer auf taube Ohren.

Als mein Handy heute Abend klingelte – Dad ruft immer genau um 19:25 Uhr an –, gab ich auf. Im Laufe der letzten zwei Monate habe ich eingesehen, dass er nicht nachgeben würde. Warum also weiterkämpfen?

»Wie ist es bei Sylvie und Leonie? Fühlst du dich wohl?«
»Ist doch egal. In zwei Wochen bin ich sowieso wieder weg.«
»Ich weiß. Aber ich verstehe, dass es schwierig für dich ist. Sollen wir darüber reden?«
»Nein.«
»Okay, sollen wir dann über Japan reden? Es ist besser, wenn du weißt, was dich erwartet, meinst du nicht, Prinzessin?«
»Nein.«
»Gewöhnst du dich allmählich an die Idee hierherzuziehen?«
»Nein. Nur an die Idee, dass du mir das Leben versauen willst.«
»Fanny, hör auf! Als ich in deinem Alter war, habe ich es meinen Eltern auch übel genommen, dass sie über mich bestimmten. Aber wart's einfach ab, Spatz. Eines Tages wirst du mir dankbar sein, dass du diese Erfahrung machen durftest, jede Wette.«
»Nie im Leben! Du spinnst!«
»Ich will ja cool sein, Fanny, aber auch ich habe meine Grenzen. So etwas sagt man nicht zu seinem Vater.«
»Doch, schon, wenn es stimmt.«
»Ich dachte, wir hätten uns über Weihnachten versöhnt ... Wollen wir uns jetzt wieder streiten? Möchtest du das wirklich?«

»Dad, gibt es bei meinem Flug eine Zwischenlandung in Vancouver?«
»Ach, das macht dir Angst? Das Fliegen? Das ist völlig ungefährlich, Süße, du wirst sehen, dass ...«

»Nein, Dad. Inzwischen ist mir das Fliegen total egal. Ich will dir nur sagen, dass du eventuell damit rechnen musst, dass ich in Vancouver ausbüxe. Damit du begreifst, dass du nicht immer alles bestimmen kannst. Tschüss!«

Ich kann es immer noch nicht fassen! Erst zwingt Dad mich in eine neue Schule, eine neue Familie, dann finde ich endlich neue Freunde und habe jetzt sogar eventuell einen festen Freund (dazu später mehr), kurz: Er hat mich in ein komplett **NEUES** Leben in Sainte-Lorette gepresst. Und jetzt, keine sechs Monate später, reißt er mich da wieder heraus. In zwei Wochen ziehe ich von hier weg, ans andere Ende der Welt.

Und ich kann nichts dagegen tun.

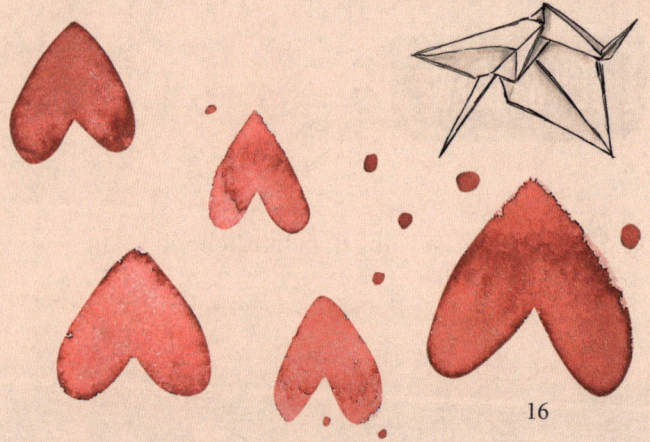

ICH MUSS *gegen meinen Willen* NACH JAPAN FLIEGEN.

Samstag, 4. März
am Abend

Achtundfünfzig Tage ohne dich, Tagebuch.

58 Tage habe ich dir nicht geschrieben. Ganz schön lange, ich weiß. Aber diese 58 Tage waren so intensiv, dass es vermutlich ganz gut ist, dass ich dich erst jetzt wiedergefunden habe.
Wie ich schon sagte, wohne ich seit fast drei Wochen bei Leonie und Sylvie.

Und daran ist Henri schuld.

KURZVERSION DER GESCHICHTE

(In der Langversion müsste ich zu viele Kraftausdrücke benutzen, und Dad sagt, dass Menschen, die fluchen, armselige Geschöpfe sind. Und das bin ich **NICHT**!)

Vor einem Monat erzählte Henri seinem Vater, dass er und ich uns auf dem Dach des Krankenhauses geküsst hatten. Einfach so, dummerweise, zwischen zwei Bissen Pastete. In einem dieser magischen Vater-Sohn-Momente voller Nähe. Henri ging davon aus, dass er seinem Dad die persönlichste Episode seines (unseres) Leben erzählen könnte.

Warum? Tja, keine Ahnung. Aber ich werde ihm nie verzeihen, dass er damit alles zerstört hat.

Damit meine ich so etwas wie Vertrauen.

Und wenn du es wissen willst: Noch saurer bin ich auf André, der nichts Besseres zu tun hatte, als es Lorette zu erzählen. WAS IST SEIN PROBLEM? Damit hat er es endgültig versaut. Keine 72 Stunden nach Henris Geständnis kam es raus. Und seine Mutter zieht los und quatscht das mit dem kleinen Kuss in der ganzen Stadt herum. Und glaub mir, Tagebuch, so etwas wird in Sainte-Lorette blitzschnell ein

SKANDAL.

Henri und ich konnten uns nirgendwo mehr blicken lassen, ohne von Dutzenden Augenpaaren beobachtet zu werden. Ich fühlte mich wie Céline Dion, die auch in keine Stadt der Welt reisen könnte und dort ihre Ruhe hätte. Schnell wurde mir klar, worum es ging: Das Problem war nicht, dass zwei Fünfzehnjährige ein Paar waren (so engstirnig sind die Leute hier nun auch wieder nicht!). Nein, was die ganze Stadt schockierte, war die Tatsache, dass zwei »ineinander verliebte« Teenager im selben Haus wohnten!

BLA, BLA, BLA. Alle zerrissen sich die Mäuler und überlegten, wie riskant es war, wenn ein verliebtes junges Pärchen unter einem Dach wohnte …

SÄMTLICHE RISIKOFAKTOREN WURDEN DISKUTIERT IN ERWÄGUNG GEZOGEN ÜBERTRIEBEN

Ergebnis? Lorette kam zu dem genialen Schluss, dass aus Henri und mir eine lasterhafte Version von *Romeo und Julia* werden würde, wenn sie der Sache nicht Einhalt gebot. Und weil sie davon ausging, dass wir in unserem Liebeswahn Gefahr liefen, unser ganzes Leben zu ruinieren, hielt sie es für das Beste, mich von

IHREM SOHN FERNZUHALTEN.

Folglich musste ich überstürzt zu Leonie und Sylvie ziehen, die mich bereitwillig bei sich aufnahmen – behauptete zumindest Dad. Ich fühlte mich gedemütigt und war traurig, dass sie mich quasi aus ihrem Leben warfen, andererseits aber auch froh (so richtig wohlgefühlt hatte ich mich bei ihnen nie). Aber ich war mir sicher, dass die 1,2 Kilometer Abstand, die Lorette uns auferlegte, uns nicht trennen könnten. Hätte Henri mich geliebt, ich meine: wirklich geliebt, hätten wir uns immer noch auf allen Krankenhausdächern der Welt küssen können, ob es Lorette passte oder nicht!

Aber inzwischen musste ich einsehen, dass Henri sich offenbar nicht mehr für mich interessiert. Nicht die Bohne. Und weißt du was, Tagebuch? Ich begreife es nicht. Ich weiß nur, dass wir von dem Tag an, an dem ich zu Leonie gezogen bin, übergingen vom Stadium

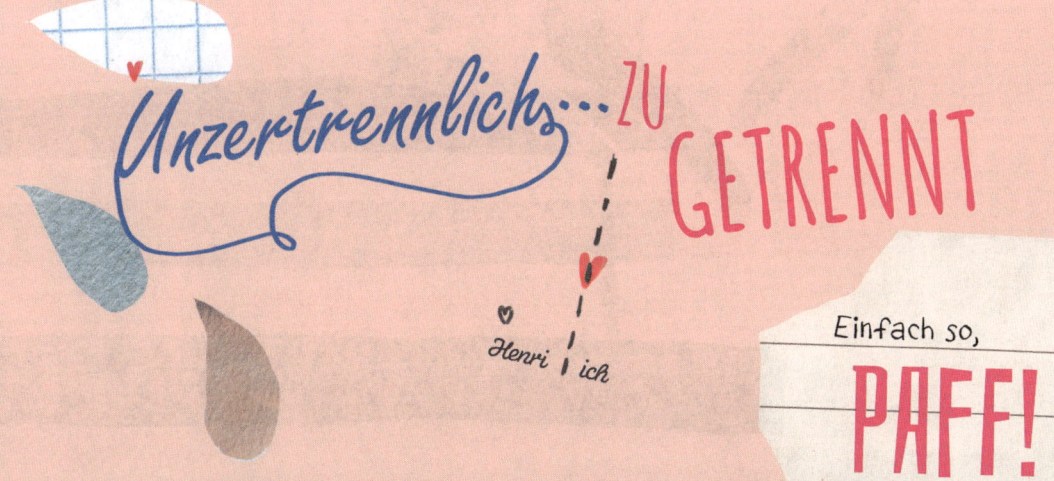

PS:
Du fragst dich sicher,
wie es kam, dass wir überhaupt unzertrennlich wurden,
Henri und ich.

Ich rate dir, pass gut auf,
denn es wird das letzte Mal in diesem Leben sein,
dass ich diese Geschichte erzähle.

Das letzte Mal hat er sich am 15. Februar bei mir gemeldet, mit einer Textnachricht. Nachdem ich ihm ganz normal geschrieben hatte.

Fanny
> Hi, ich hab dich heute Morgen schon zweimal angerufen. Was machst du?

Und daraufhin hat er mir in etwa geantwortet:

Henri
> Wir sollten uns besser nicht mehr schreiben. Und auch nicht mehr telefonieren. Zumindest für einige Zeit. BITTE! H.

Nachdem ich diese (fiese) Nachricht erhalten hatte, konnte ich mir nicht verkneifen zurückzuschreiben:

Fanny
> ?????????????

Seither hab ich nichts mehr gehört. Totale Funkstille. Henri verschwand mit einem dicken Schlusspunkt aus meinem Leben. Die beiden Male, die ich versuchte, mit ihm zu reden – ich wollte ihm sagen, dass ich nicht verstehe, was das soll –, ignorierte er mich und ließ mich einfach stehen, allein mit tausend unbeantworteten Fragen.

Aber ein Minimum an Stolz habe ich auch! Henri soll sich ja nicht einbilden, ich würde ihn auf Knien anflehen, zu mir zurückzukommen, bloß weil er mit mir Schluss gemacht hat. Ich habe schon einen Vater, der mich wie einen Wegwerfartikel behandelt.

PS:
Dass Albert, mein Frettchen, noch bei Lorette wohnt,
macht mich doppelt traurig. Armer Albert.
Aber es geht nicht anders. Leonie ist allergisch
gegen alles, was pelzig ist.

Und außerdem ...
Die Liebe ...
Sie zerbricht ohnehin immer
und endet in Scherben.

Nicht umsonst gibt es so viele Bücher
und Filme und Songs
über dieses Thema.

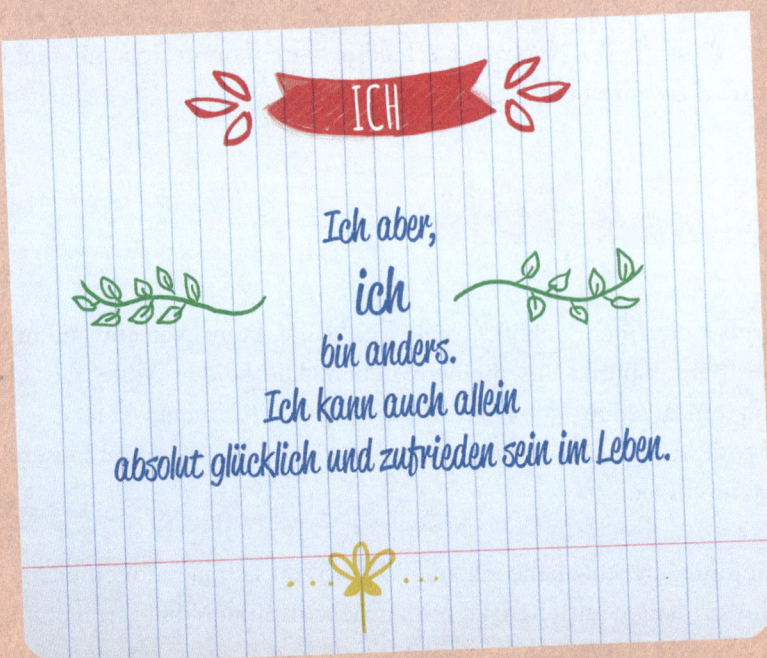

ICH

Ich aber,
ich
bin anders.
Ich kann auch allein
absolut glücklich und zufrieden sein im Leben.

Das steht fest, Henri Dubé.

KURZE ZUSAMMENFASSUNG
DER GESCHICHTE ZWISCHEN
HENRI UND MIR

Es hatte eine Weile gedauert, bis ich mir eingestand, dass ich etwas für Henri empfand. Ich glaube, ich hatte Angst, es gäbe kein Zurück, wenn wir uns zu nahekamen. Das ist normal, wenn einem etwas unbekannt ist.

Dinge machen einem immer Angst, bevor man mit ihnen vertraut ist. Logisch.

An einem gewissen Punkt – an den ich mich noch ganz genau erinnere – begriff ich, dass ich Henri vertrauen konnte, ich meine, voll und ganz ... Und da wurden wir praktisch

ich dumme Kuh

UNZERTRENNLICH.

Das war am 9. Januar: Alles hat einen Anfang. Es war der Tag, an dem Dad nach Japan zurückflog, gleich nach den Weihnachtsferien. Henri wusste, dass ich traurig sein würde, wenn Dad mich zum zweiten Mal verließ. Und da fuhr er mit dem Bus zum Flughafen und versteckte sich dort, bis mein Dad hinter der Zollschranke verschwunden war.

War doch echt süß von ihm.

Als ich dann plötzlich allein in der Flughafenhalle stand und mir sagte: Tja, jetzt ist er weg und du bist wieder Waise, Fanny, sah ich Henri zehn Meter weit weg stehen. Er hatte einen braunen Teddybären im Arm, der sein halbes Gesicht verdeckte. Ich schwöre, Tagebuch: Ich drehte den Kopf, weil ich im ersten Moment dachte, Henri warte auf ein anderes Mädchen. So überrascht war ich! Dann lächelte ich und wartete, bis er auf mich zukam, denn meine Schuhsohlen klebten am Boden – vor Verlegenheit und etwas wie einer ÜBERDOSIS an unkontrollierbarem Glücksgefühl.

Da stand Henri auch schon vor mir und wir konnten uns leise unterhalten. Ich nahm den Teddy aus seinen Händen und sagte etwas echt Dämliches:

»Kuscheltiere sind doch für die gedacht, die wegfliegen.«
»Ich weiß. Aber ich finde, der Teddy hat die gleichen Augen wie du. Deshalb werdet ihr euch sicher gut verstehen.«
»Traurige Augen ...«
»Hätte ich auch, wenn mein Dad die ganze Zeit wegfliegen würde.«
»Es ist schön, dich zu sehen.«

Mehr habe ich nicht gesagt. Ich drückte den Teddy mit den traurigen Augen an mich, doch er fiel auf den Boden, als Henri seine Lippen unversehens ... auf meine drückte.

Und dann, auf einen Schlag
und für mehrere Tage in Folge ...

    war alles vergessen:
    Japan, mein Vater
    und der Rest des Universums.

In dem Moment, als Henri mich am Flughafen in die Arme nahm, hatte ich das seltsame Gefühl, ihn schon ewig zu kennen, Tagebuch. Das findest du sicher kitschig, aber das ist mir egal. Ich sage es trotzdem. Ich habe sogar gedacht:

Wer weiß, vielleicht sind Henri und ich seelenverwandt?

      Der Rest der Geschichte ist einfach.
      Wir verbrachten ...

Ich muss zugeben, dass wir alle anderen vernachlässigten. Mit »alle anderen« meine ich hauptsächlich Leonie. Ja, wir stießen Leonie aus unserem bisherigen Trio. Das war eiskalt und dumm von uns. Nach allem, was sie für mich getan hatte, seit ich in Sainte-Lorette war.

Das merkte ich an dem Tag, als ich ihr erzählte, dass Henri und ich (sogar unter der Woche) nachts aufstanden, um in der Küche heimlich Müsli zu futtern und über Gott und die Welt zu quatschen. Ich erzählte es ihr, weil ich wissen wollte, ob sie auch dachte, dass Henri und ich seelenverwandt waren. Und auch (okay, das war der Hauptgrund), weil ich wissen wollte, ob sie dachte, dass wir … nun ja, dass wir eventuell mehr taten, als uns nur zu küssen …

Ich spürte, dass diese Möglichkeit irgendwann mehr als nur eine Möglichkeit werden könnte, und das stresste mich, ja.

Aber ich kam gar nicht dazu, ihr diese Frage zu stellen, weil sie mich mittendrin unterbrach und fast angewidert sagte:

»DU BIST ECHT SPIESSIG GEWORDEN, FANNY CLOUTIER.«

Aber das war mir eigentlich egal.
Es führte nur dazu, dass ich mich Henri noch näher fühlte.

Doch dann, am Mittwoch,
dem 15. Februar, änderte sich alles.

Ich verstehe es
N
I
C
H
T.
Ist mir aber egal.

Man kann im Leben nicht alles wissen oder verstehen.
Ich möchte kein Fünkchen Energie mehr an ihn verschwenden.

Unsere Geschichte taugt nicht mal zu einem Drehbuch von einem dieser
bescheuerten Hollywoodfilme.

Ein Glück, dass ich mit Henri nicht weitergegangen bin.
Ich weiß nicht, ob ich wirklich denke, was ich gerade schreibe,
aber jetzt steht es so da.

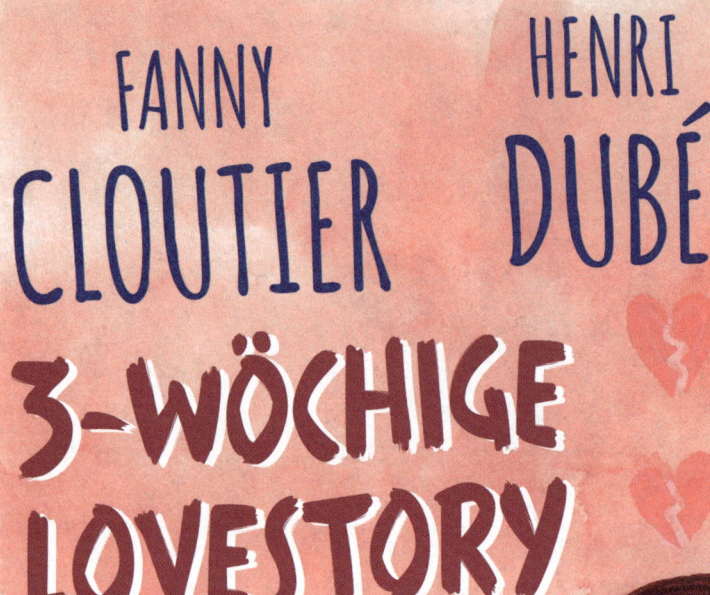

FANNY CLOUTIER   HENRI DUBÉ

3-WÖCHIGE LOVESTORY

BASIEREND AUF DER WAHRSTEN UND KÜRZESTEN BEZIEHUNG DER GESCHICHTE!

IN ALLEN SCHLECHTEN KINOS IN IHRER NÄHE

Sonntag, 5. März

Ich –
eifersüchtig auf Leonie?

Im Ernst: Ein Glück, dass Sylvie und Leonie mich bei sich einziehen ließen. Kaum war ich über Leonies Türschwelle getreten, spürte ich, dass sie mir verzieh, wie sehr ich sie in letzter Zeit vernachlässigt hatte. Kurzum: Henri ist aus meinem Leben verschwunden, aber zumindest habe ich nicht **ALLES** verloren.

Im gleichen Haus zu wohnen wie Lorette war ein bisschen so, als versuche man, unter Wasser oder in den Wolken zu atmen.

IHR Pech, wenn die Dubés mich nicht bei sich haben wollen.

Apropos Leonie: Sie war in den Ferien eine ganze Woche in New York bei ihrem Vater. Dort wohnt er seit der Trennung, da er anscheinend reich werden will. Das bedeutet, dass ich eine **GANZE** Woche mit Sylvie allein sein konnte. Ich schäme mich zwar ein bisschen, Tagebuch, aber ich fand es toll, dass Leonie weg war. Sylvie ganz für mich zu haben und so zu tun ... als hätte ich auch eine Mutter.

Die ganze Woche lang versuchte ich, eine bessere Version meiner selbst zu sein: immer freundlich und höflich und an allem interessiert. Ich wollte Sylvie vor Augen führen, wie fantastisch es wäre, wenn **ICH**, Fanny, ihre Tochter wäre.

Es ist ein bisschen so, als versuche man, unter Wasser …

Schau in den Umschlag gleich gegenüber. Da siehst du, wozu ich fähig bin! Ich habe sogar die Postkarte stibitzt, die Leonie diese Woche aus New York schickte. Sylvie bekam sie gar nicht zu sehen. Ich wollte einfach, dass sie Leonie für die paar Tage vergisst. Ja, war gemein von mir, ich weiß.

Aber wo wir schon mal dabei sind ... Meinst du, ich kann dir noch etwas ganz Schlimmes verraten?

Tja, man könnte fast meinen, dass ein Teil von mir auf Leonie eifersüchtig ist. Stimmt, ich bin eifersüchtig, weil sie eine Mutter hat und ich nicht. Echt wahr.

Und wenn man sich zu sehr ans Glück einer anderen Person klammert ...

NIMMT EINEM DAS NICHT DIE LUFT ZUM ATMEN?

Fanny, hast du das wirklich geschrieben? Leonie ist deine beste Freundin! Was ist dein Problem? Fanny, du bist kein guter Mensch. Hör sofort auf damit und wechsle das Thema.

Also, wie schon erwähnt, kam Leo heute Abend zurück. Und als ich sie fragte, wie es war, sagte sie nur, New York sei eine Riesenstadt voller Lichter und Brezeln und die seien zu salzig. Ich glaube, dass sie ihren Dad vermisst. Auf jeden Fall scheint sie N. Y. so sehr zu hassen wie ich Japan.

Trotz allem, was ich vorhin geschrieben habe, weiß ich, dass Leo und ich uns erstaunlich gut verstehen. Und seit wir in einem Zimmer schlafen, denke ich manchmal, dass wir uns so nahestehen wie Schwestern.

Seit wir zusammenwohnen, habe ich etwas über Leonie gelernt: Sie leidet an Schlaflosigkeit. Das bedeutet: Wenn etwas sie quält, grübelt sie so lange, bis ihr Hirn vor lauter Grübeln matschig wird. Und das gilt für **ALLE** Nächte ihres Lebens. Heute Abend hatte ich noch weniger Lust als sonst, hören zu müssen, wie ihr Kopf auf dem Kissen hin und her schrappt. Ich wurde echt schnell ungeduldig, ich gebe es zu.

»Was ist los, Leo? Du bewegst dich andauernd.«
»Nichts, es ist nur der Jetlag vom Fliegen.«

NYC

MITTWOCH, 1. MÄRZ, New York

Hallo, Mom!

Ich lebe noch! ☺
Trotz der vielen Taxis, die einen beinahe umfahren, wenn man eine Straße überquert.
Dad war gestern mit mir im *König der Löwen*. War ganz nett, aber die echten Giraffen und Nashörner in Afrika sind mir lieber.

Hab dich lieb,
deine Leo xxx

»Zwischen New York und hier gibt's keine Zeitverschiebung.«
»Schlaf, alles gut.«

...KRÄSCHSCHISCHIII...

(So klingt es, wenn Leonie sich unter ihrer Decke wälzt.)

»Leo, hör auf! Ich kann nicht schlafen.«
»Aber ich mache mir Sorgen! In zwei Wochen fliegst du nach Japan und der arme Henri weiß von nichts.«

Ich seufzte ganz laut, weil es ungefähr das tausendste Mal war, dass Leonie und ich darüber redeten. Nämlich über die Tatsache, dass Henri – und der Rest der Schule – das Recht hätten zu erfahren, dass ich in zwei Wochen die Schule, die Stadt und das Land verlassen würde.

> **ES STIMMT:**
> **ICH HABE BISHER KEINEM ETWAS GESAGT.**
> (Nur Sylvie und Leonie wissen Bescheid.
> Musste es ihnen wohl oder übel sagen, als ich bei ihnen einzog.)

Ich habe Leonie vergebens erklärt, dass ich auf den richtigen Moment warte, um es Henri zu erzählen, der sich mir gegenüber übrigens noch immer wie ein Eisblock verhält. Nichts zu machen! Damit nervt Leonie mich seit einem Monat Tag für Tag! Herrje, sie sollte sich lieber um ihren eigenen Kram kümmern! Dad musste mir schwören, dass er sich raushält, weil ich es erzählen will, wenn ich mich dazu bereit fühle (he, das ist er mir **SCHULDIG**, oder?). Aber ich bin anscheinend noch nicht so weit! Ist das so schwer zu begreifen?

»Ich weiß, Leo. Morgen sage ich es ihm.«
»Hä? Morgen. Pfff, ich glaub dir kein Wort.«
»Dann eben nicht. Ist mir egal. Ich schlafe jetzt, bitte nicht mehr reden.«

~~Ruhe~~ + **KEIN MATRATZENGERÄUSCH**
(ZU SCHÖN, UM WAHR ZU SEIN)

»Du, Fanny …?«
»Ja, was denn noch?«
»Wie genau willst du es ihm sagen? Ich wette, er wird sauer sein, wenn er hört, dass du es seit zwei Monaten weißt und ihm nichts gesagt hast.«
»Leonie. Ist er *dein* Freund? Nein. Also lass mich machen. Und wenn du mich jetzt schlafen lässt, fällt mir vielleicht etwas Intelligentes ein, wie ich es ihm sage.«
»Okay, reg dich nicht gleich auf. Du bist ein Sturkopf. Gute Nacht.«
»Entschuldige, ich rege mich nicht auf. Gute Nacht.«
»Du, Fanny … Hast du gerade gesagt, dass er dein *Freund* ist?«
»Arrrgh! Wie auch? Wir reden ja nicht mal mehr miteinander!«
»Du hast aber gesagt …«
»**ICH WILL SCHLAFEN!**«
»Okay, schon gut.«

// PS: //
Leonie setzt mich echt
unter Druck,
mit Henri zu reden, stimmt's?

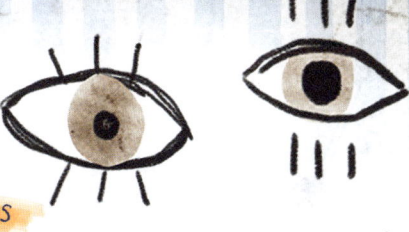

==Gleiches Datum, 3:26 Uhr morgens==
(von *Schlaflosigkeit* angesteckt)

  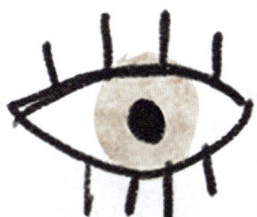

Ihm
alles sagen

Ich kann nicht einschlafen. Leonie hat mich mit ihren tiefschürfenden Fragen angesteckt. Sie schläft jetzt ganz friedlich, während ich mit offenen Augen daliege.

Obwohl ich nicht begreife, warum sie sich so massiv in meine Angelegenheiten einmischt, gebe ich zu, dass sie in einem Punkt recht hat. Kann durchaus sein, dass Henri wirklich nicht versteht, warum ich ihm das mit Japan verschwiegen habe. Ist ja auch wahr: Wie konnte ich es wagen, eine derart wichtige Information so lange vor ihm zu verheimlichen? Keine Ahnung. Aber wenn er nicht von einem Tag auf den anderen jeden Kontakt mit mir abgebrochen hätte, wüsste er es vielleicht längst!

Hmm. Das ist kein überzeugender Grund. Ich weiß.

Ja, ich hätte es ihm sofort sagen können (müssen),
nach dem Kuss am 9. Januar im Flughafen.

                    Aber ich hatte Angst, alles zu verderben.
                          Das ist die Wahrheit. Okay?

Unser Schweigen hat lange genug gedauert.
Ich muss endlich mit Henri reden. Morgen. Definitiv, jawoll.

                                      Fanny xx

LIPGLOSS

MEIN FEDERMÄPPCHEN

ROSA T-SHIRT

LIEBLINGS-HOODIE

MEINE HUNTER-REGENSTIEFEL

UM MIR MUT ZU MACHEN

Montag, 6. März

Regenstiefel
für mehr Mut

Beim Aufwachen war ich total nervös, weil ich wusste, dass ich mit Henri reden musste. Deshalb habe ich nur Dummheiten gemacht.

**NR. 1
ICH KAM ZU SPÄT ZUR SCHULE.**

Bis ich endlich wusste, was ich anziehen sollte, hatte ich den Schulbus verpasst.

Als wenn mir Lipgloss und Hunter-Regenstiefel Mut machen könnten.

Draußen Schnee vermischt mit Regen. Ich kam pitschnass in der Schule an.

**Tausend Anstrengungen
STIL: 0 PUNKTE
STOLZ: 0 PUNKTE**

Aber ich wollte eben ganz hübsch sein, wenn ich mit Henri redete.

Ging gründlich schief.

> NR. 2
> ICH LASSE MIR VON MEINEM UNTERBEWUSSTSEIN
> SCHWACHSINNIGE BEFEHLE GEBEN
> (ODER SCHLIMMER NOCH: ICH HÖRE STIMMEN).

Tagebuch, ich muss wirklich restlos verzweifelt sein, oder? Weißt du, wieso? Als um 11:23 Uhr die Glocke läutete und mir klar wurde, dass die Hälfte des Schultages schon um war, ohne dass ich den nötigen Mut aufgebracht hatte, gab mir ein leises Stimmchen in meinem Kopf einen Rat:

„Fanny, es reicht. Sei nicht so feige! Auf dieser Erde gibt es Menschen, die schon Kriege und Hungersnöte mitgemacht und ... ähm, Wüsten durchquert haben. Okay? Dinge, die du dir nicht mal vorstellen kannst. Du dagegen musst nur die Kraft haben, mit Henri Dubé zu reden, und fertig. Also geh schon!"

Ich weiß nicht genau, woher dieses Stimmchen kam, aber es klang sehr entschlossen und da hatte ich keine andere Wahl: Ich habe darauf gehört. Ich wusste, dass Henri in der Turnhalle war, weil er montags in der Mittagspause immer Basketball spielt. Also setzte ich mich auf eine Bank, ungefähr drei Meter von ihm entfernt, und wartete und wartete. Ich sagte mir: Irgendwann muss er doch merken, dass ich da bin!

3 METER SIND ECHT NICHT VIEL.

Ich saß da, während er hin und her rannte, und wusste, dass er mich längst gesehen hatte. Das merkte ich daran, dass er alle seine Würfe vermasselte, obwohl er normalerweise sehr gut spielt. Tommy war auch da. Er kam schwitzend zu mir. Er sagte nichts, tropfte nur vor sich hin und in seinen Augen las ich die Frage: *Was willst du hier?*

Ich hielt seinem Blick **UNGERÜHRT** stand. Immerhin war Tommy wesentlich weniger fies zu allen, seit er damals fast in dem zugefrorenen See ertrunken ist – fast so, als hätte ihn seine Nahtoderfahrung zu einem besseren Menschen gemacht. Krass. Aber gut, heute hätte man meinen können, der alte, fiese Tommy sei wieder aufgetaucht.

»Glotz nicht so, Tommy! Ich habe jedes Recht, hier zu sein.«
»Es nützt nichts, ihm auf den Sack zu gehen, Fanny.«
»Bist du sein, ähm, Sprecher geworden oder was?«
»Nein, sein Freund.«
»Pfff, das wäre mir neu.«
»Ich denke, er hat es dir deutlich gesagt. Er will nicht mit dir reden.«

Da rief ich (laut genug, um sicher sein zu können, dass Henri mich hörte):

»Okay, dann sag ihm, dass ich in zwei Wochen weg bin!«

Das hat Tommy sichtlich aus der Bahn geworfen (war auch Zeit, wie ich fand).

»Und wohin gehst du?«
»Falls es ihn interessiert, kann er mich ja fragen.«

Ich stolzierte davon und warf die Tür der Turnhalle möglichst laut zu – mit geringem Erfolg. Aber egal, als der Ball auf den Boden knallte, wusste ich, dass Henri meine Botschaft gehört hatte. Immerhin war ich ihm wichtiger als sein Basketballspiel.

// PS: //
Mein Unterbewusstsein hat mich vermutlich nicht den besten Weg der Kommunikation finden lassen, aber immerhin hatte ich den Mut gehabt, Henri zu sagen, was ich zu sagen hatte. Jetzt kann er auch einen Schritt auf mich zu machen, falls es ihn interessiert.

Donnerstag, 9. März

WIE EIN LAUFFEUER

Zweiundsiebzig Stunden später wusste ganz Sainte-Lorette Bescheid. Die Nachricht von meiner Abreise nach Japan hatte sich wie ein Lauffeuer ausgebreitet und aus »Fanny Cloutier, das Mädchen aus Montreal« Folgendes gemacht:

Ich hatte das Vergnügen, von allen Lehrern, dem Rektor, der Frau im Lebensmittelgeschäft ausgefragt zu werden und natürlich auch von Lorette, die immer alles wissen will. Erstaunlich, dass sie, nachdem sie mich vor Kurzem wie eine räudige Katze aus dem Haus gejagt hatte, es nun wagte, mich zwecks einer eingehenden Befragung anzurufen!

»Fanny, ich bin's, Lorette.«
»Hallo.«
»Du, ich will nicht lange um den heißen Brei herumreden. Stimmt es, was alle sagen?«

Im ersten Moment brachte ich keinen Ton über die Lippen. Als ob mir die Wut den Hals zugeschnürt hätte. Sie war sicher überglücklich, dass in zwei Wochen der riesige Pazifik zwischen ihrem Sohn und mir liegen würde. Aber Lorette, die im Leben immer bekommt, was sie will, ließ nicht locker, bis sie bekam, was sie wollte.

Nämlich die Wahrheit.

»Aber dein Vater hätte mich doch angerufen, oder? Nicht zu fassen! Das sieht ihm ähnlich. Er bringt mich noch um den Verstand!«

Und da war es um meine Beherrschung geschehen.

»Ist doch schon passiert.«
»Wie? Was hast du gesagt?«
»Nichts, ich sagte nur … ja.«
»Was, ja? Stimmt es oder nicht?«
»Ja, es stimmt. Ich fliege zu ihm.«
»Du meine Güte! Und er hat mich nicht angerufen! Ich fasse es nicht!«

Lorette schimpfte in einer Tour weiter, mindestens fünf Minuten lang. Ich fragte mich derweil, wie jemand so egoistisch sein kann wie sie. War es denn wirklich so schwierig zu fragen: *Und wie geht es dir damit, Fanny? Macht es dir Angst?* So was in die Richtung. Irgendwas Nettes eben. Stattdessen regte sie sich nur darüber auf, dass Dad **IHR** nichts gesagt hatte.

Pfff!
Sainte-Lorette wird mir vielleicht fehlen, sie nicht!
Die blöde Kuh!

(Ups, pardon, Karma, ich ziehe diesen Ausdruck hiermit zurück!)

Die einzige Nachfrage, der ich mich einigermaßen freiwillig stellte, war die von Henri. O ja, Henri wollte mich schließlich doch sprechen.

Und sogar PERSÖNLICH.

Es begann mit einer Nachricht um 21:48 Uhr. Ich lag schon im Bett. Und ich wusste, dass er es war, denn dann ertönt immer der Song *Fanny* von Alex Nevsky – er hatte ihn mir installiert und ich bin bisher nicht dazu gekommen, ihn zu löschen.

»Bewaffnet mit Licht und Freude, bin ich gekommen, um dir zu sagen, dass ich dich liebe ...«

Pah!

Trotzdem sprang ich in einer Viertelsekunde aus dem Bett, um mein Handy von der Kommode zu holen. Was würde er mir sagen?

Henri
> Hallo.

Fanny
> Hallo.

Henri
> Schläfst du schon?

Fanny
> Nein.

Henri
> Ich bin hier.

Fanny
> Wo, hier?

Henri
> Vor deiner Tür.

Fanny
> Vor der Haustür?

Henri
> Gibt nur eine.

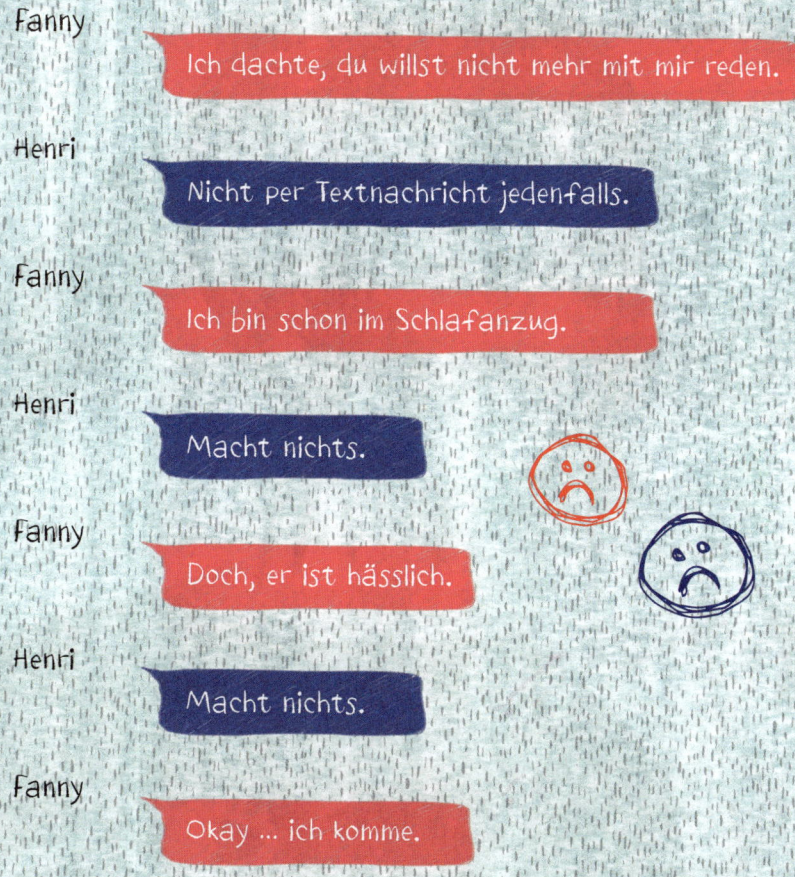

Leo war schon im Halbschlaf und ich hatte keine Lust, sie einzuweihen, als sie gähnend fragte:

»Wer war das?«

Da habe ich geschwindelt, im Flüsterton (seltsam, dass eine Lüge einem weniger schlimm vorkommt, wenn man sie flüstert):

»Niemand, jemand hat sich verwählt. Ich muss noch aufs Klo. Schlaf weiter …«

An der Haustür holte ich zuerst tief Luft (um mir Mut zu machen), bevor ich ins Freie trat. Henri lehnte an Sylvies altem blauen Ford, der auf dem Stellplatz stand. Ich fand Henri anders als früher. Irgendwie schöner, auch wenn es das nicht ganz trifft.

WARUM BRAUCHT ES OFT EINE ..... DISTANZ,

UM KLARZUSEHEN?

Ich fand mich lächerlich in meinem Herzchen-Pyjama und mit den dicken Stiefeln an den Füßen, die mir nicht mal gehörten.

Wir standen mindestens fünf Minuten lang da und starrten schweigend auf den gefrorenen Boden.

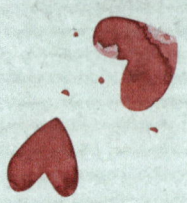

Eine Ewigkeit.

Bis Henri schließlich die Mauer des Schweigens durchbrach.

»Stimmt es, was alle sagen?«
»Ja.«
»Wann reist du ab?«

»Am 20.«
»Am 20. was?«
»März.«
»Seit wann weißt du es?«
»Nicht lange ... ungefähr zwei Wochen.«
»Haha.«

Henris Blick, kalt und hart, verlor sich irgendwo in den Spalten der Pflastersteine des Stellplatzes.

Ich sagte mir: Okay, ich bin nicht perfekt, aber ich habe es satt, mich als die einzig Schuldige zu fühlen. Schließlich hat er mit mir Schluss gemacht und nicht umgekehrt.

»Du redest nicht mehr mit mir. Seit über einem Monat bin ich Luft für dich! Du hast alles kaputtgemacht, Henri Dubé, und jetzt kommst du her und machst einen auf beleidigt?«
»Wie?! Ich habe alles kaputtgemacht? Wie bitte??«
»Ja! In deiner Scheißnachricht stand, ich solle dich nicht mehr anrufen oder dir schreiben.«
»Die einzige Scheißnachricht, wie du sagst, war die, die **DU** mir am Valentinstag geschickt hast.«
»Was redest du da?«
»Hä? Willst du mich veräppeln?«

Henri zog sein Handy aus der Tasche. Er scrollte zu den Textnachrichten vom 14. Februar. Als ich die Nachricht las, die angeblich von **MEINEM** Handy gekommen war, dachte ich allen Ernstes ...

PROTOKOLL DER TEXTNACHRICHTEN
vom 14. Februar

Henri
> Was machst du, traurige Augen?

Fanny
> Ich lese.

Henri
> Schönen Valentinstag, traurige Augen.

Fanny
> Hör auf, mich so zu nennen.

Henri
> Gut ... Was ist los?

Fanny
> Nichts. Nicht viel. Ich glaube, ich brauche Zeit.

Henri
> ?

Fanny
> Das mit uns ist mir alles zu viel, okay? Du erstickst mich.

Henri
> Aber ich dachte, du bist gern mit mir zusammen.

Fanny
> Inzwischen vielleicht nicht mehr.

Henri
> Sollen wir uns weniger sehen oder ... Ich weiß nicht.

Fanny
> Ich will dich nicht weniger sehen. Ich will frei sein. Wir sind schließlich nicht verheiratet.

HIER HÖRTEN DIE NACHRICHTEN AUF.

↓

MEIN HERZSCHLAG EBENFALLS.

In meinem Kopf drehte sich alles mit 250 km/h, als ich zu begreifen versuchte, wer diese Nachricht an meiner Stelle geschrieben hatte. Und wie? Ich gab Henri sein Handy zurück und bat ihn, mir zu glauben.

»Das habe ich **NIE** geschrieben!«
»Ach nein? Wer dann? Ah, ich weiß, irgendein Virus in deinem Handy hat diesen Mist an deiner Stelle geschrieben!«

Ich hatte keine Antwort. Kein Alibi. Ich war wie eine dieser Figuren in Krimis, die unschuldig sind, aber trotzdem für den Rest ihres Lebens ins Gefängnis kommen. Ich war total perplex, Tagebuch, verstehst du?

Henri nickte.

Seine Augen standen kurz vor einer Sintflut.

»Sag mir die Wahrheit, bitte! Seit wann weißt du, dass du zu deinem Vater ziehen wirst? Sei ehrlich, Fanny!«

Ich hielt seinem Blick nicht stand. Nicht weil es das erste Mal war, dass ich einen Jungen weinen sah, sondern weil ich wusste, dass ich es ihm schuldig war, die Wahrheit zu sagen.

Und weil meine Antwort unsere Beziehung endgültig zerstören würde.

»Ich ... ich weiß es seit ...«
»Sag's schon!«
»Seit dem 9. Januar. Am Flughafen. Als du mich abgeholt hast.«
»...«
»Da hatte Dad es mir gerade eröffnet.«

Henri wischte sich die Augen ab.

Sein Kummer blieb unter der Kapuze seiner wattierten Jacke verborgen.

»Danke.«

Mein Atem beschleunigte sich. Ich spürte, dass er im Begriff war, mir zu entgleiten.

»Warum sagst du das? Tu's nicht, ›danke‹ bedeutet gar nichts.«

Ich sagte nichts mehr. Ich ließ mich von ihm mustern. Man hätte fast glauben können, dass seine Augen meine Haut durchdrangen und er in mein Inneres blicken konnte.

LEERE

SCHWÄRZE

SCHMUTZ

ICH HABE ES GEHASST.
ICH HABE ES GEHASST.

»Danke, jetzt weiß ich zumindest, dass du nicht das Mädchen bist, für das ich dich gehalten habe.«
»Doch, bin ich! Ich schwöre dir, dass ich es noch bin.«

Henris Stimme klang ruhig und gleichzeitig wütend: eine Mischung aus Schmerz und Wut, die sich in seinen Augen bekriegten.

»Ich hätte dich nie anlügen können. Ich hätte auch nie per Nachricht mit dir Schluss machen können so wie du, Fanny! Hättest du nicht einfach mit mir reden können? Ich bin nicht blöd, ich hätte es verstanden.«
»Ich weiß, ich weiß das alles, aber ...«
»Nein, ich denke nicht, dass du es weißt.«

Henri schnappte sich seinen Rucksack, der noch auf der Motorhaube lag, zuckte mit den Schultern und bedachte mich mit dem traurigsten Lächeln, das ich je gesehen habe.

»Ich hätte es mir so gewünscht, dass du dieses Mädchen bist.«
»Henri, geh nicht weg. Ich habe dir diese Nachrichten nicht geschrieben.«
»Gute Nacht, Fanny.«

Dann ging er fort. Und ich brach in Tränen aus. Ich schluchzte so sehr, dass ich dachte, bald sei nichts mehr von mir übrig, nur eine leere Hülle auf dem Stellplatz, an dem Henri mich stehen gelassen hatte.

Doch es war so bitterkalt, dass ich irgendwann dachte, auch in tausend Stücke zersprungen würde ich in meinem Bett etwas weniger unglücklich sein.

Ich schleppte mich ins Haus zurück.
Und jetzt habe ich alles niedergeschrieben.
Deshalb gehe ich jetzt schlafen.

Fanny

Montag, 13. März

Drei Tage
ohne Zähneputzen

»Du, ich hab dir ein Schinken-Käse-Sandwich gemacht.«

6:45 Uhr in der Früh und Leonie stand schon putzmunter in meinem (unserem) Zimmer. Wir mussten zur Schule und ich wusste genau, dass es langsam zu viel wurde.

Zu viele verpasste Schultage.

Als Sylvie am Freitagmorgen sah, in welchem Zustand ich war, ließ sie mich die Schule schwänzen und sagte, sie setze auf meinen »freien Willen«. Ich wusste zwar nicht genau, was sie damit meinte, aber eines war mir klar: Ich konnte mich nicht bis in alle Ewigkeit hier verschanzen.

»Hab keinen Hunger.«
»Schau, dein Sandwich hat zwei Gürkchen-Augen.«
»...«
»Du liebst ihn wirklich, hm? Wie sehr, war mir gar nicht klar gewesen. Du liebst Henri sehr.«

Ich setzte mich im Bett auf, obwohl Gürkchen so ungefähr das Letzte waren, worauf ich Lust hatte.

»Fanny, ich ...«

Leonies Stimme klang irgendwie zerbrochen.

»Was?«
»Ich hätte es nur gern früher gewusst.«
»Was gewusst?«
»Na, dass du weggehen wirst.«
»Ach was, Leo. Das hätte nichts geändert.«
»...«
»Leo, du bist supernett, danke für das Sandwich und alles, aber ich wäre jetzt gern allein.«
»Immer noch?«
»...«
»Fanny, seit 72 Stunden hängst du im Schlafanzug rum und isst nichts mehr. Reicht es nicht langsam?«

Ich legte das Sandwich auf meinen Nachttisch. Leo sah das offenbar als mangelnde Zusammenarbeit, denn sie flippte ziemlich aus.

»Du fliegst schon nächste Woche, Fanny! In **EINER** Woche! Ist dir das klar? In sieben Tagen sitzt du vor einem Berg von Sushi und alle um dich herum reden Japanisch!«

Ich bedachte Leonie mit einem vernichtenden Blick und brachte mein letztes Fünkchen Energie auf:

»Denkst du im Ernst, damit kannst du mich aufheitern? Indem du die beschissenen Monate erwähnst, die vor mir liegen?! Nicht besonders schlau, Leonie!«
»Na, immerhin hat es funktioniert.«
»...«
»Du bist auf den Beinen.«

Ich starrte auf meine Füße. Leonie hatte recht. Meine Zehen krallten sich in den Teppich und ich hatte den Schutz meiner Decken verlassen. Ja, ich hatte den Zufluchtsort, den Ort meines Kummers verlassen. Leo trat einen Schritt zurück, als wolle sie mir Raum zum Nachdenken gewähren.

»Ich denke nur, wir sollten die letzten Tage genießen, die wir zusammen sind.«
»...«
»Er kann uns mal, Fanny! Im Ernst!«
»Wer?«
»Henri! Henri kann uns mal.«

Keine Ahnung, warum, Tagebuch, aber als Leonie das mit Henri sagte, musste ich plötzlich lachen. Und Leonie lachte mit. Da spürte ich auf einmal, wie sich etwas in mir veränderte.

Und mir wurde schlagartig klar, in welch jämmerlichem Zustand ich mich befand.

STRÄHNIGE, wirr ABSTEHENDE HAARE

Schmuddeliger HERZCHEN-PYJAMA

LEERER MAGEN, DER FÖRMLICH nach etwas ESSBAREM SCHRIE.

Ich sagte etwas echt Doofes – was mir in diesem Moment jedoch total vernünftig erschien:

»Du, Leo ...«
»Ja?«
»Ich muss mir die Zähne putzen. Ist schon drei Tage her ...«
»...«

Leonie schaute mich drei lange Sekunden nur an, bevor sie plötzlich losprustete und nicht mehr aufhörte. Ich glaube, sie ist sogar auf ihr Bett geplumpst. Sie hatte offenbar mit allem gerechnet, nur nicht mit einem Kommentar zur Körperpflege.

Und weißt du, Tagebuch, was das Komischste war? Ich glaube, ich hätte von Leo in diesem Moment alles verlangen können, zum Beispiel:

Leo, ich muss unbedingt auf einem Elefanten reiten, sofort, bitte.

Und ich weiß, dass sie geantwortet hätte:

Meine beste Freundin stand mir bei, damit ich wieder aufstand und endlich meinen doofen Schlafanzug auszog.

Und genau das tat ich auch.
Ich stand auf.

Und weißt du, was ich in diesem Moment dachte, Tagebuch?
Ich dachte ...

Freundschaft
ist vermutlich der sicherste
Zufluchtsort der Welt.

Gut, um ganz ehrlich zu sein: Ich konnte den Kummer noch nicht zu **100 %** aus dem Kopf verjagen, aber immerhin aus meinem Körper. Jedenfalls so weit, dass ich beschloss, mich für den Rest der Woche nicht mehr im Bett zu verkriechen.

Immerhin.

... ging ich zu Leonie und Sylvie in die Küche.

Der Sonnenschein blendete mich nach der langen Trauerphase im Bett. Doch Sylvie tat, als sei alles normal, und sagte nur mit dem tröstlichsten Lächeln der Welt:

»Ich wusste doch, dass sich unsere tapfere Fanny nicht für den Rest ihres Lebens in einem Zimmer versteckt.«

Auf ihre typische Art – sprich: immer für eine Überraschung gut, wenn man am wenigsten damit rechnet – stützte Sylvie die Hände auf die Hüften, wie ein Präsident, der eine für seine Nation bedeutsame Entscheidung getroffen hat, und sagte:

»Du hast einen Schultag verpasst. Dürfte keinen großen Unterschied machen, wenn du noch einen zweiten dranhängst, oder?«

Leonie sah ihre Mutter an und begann plötzlich zu

STRAHLEN WIE EIN WEIHNACHTSBAUM,

den man am 24. Dezember zum ersten Mal einschaltet.

»He, ich auch, hm, Mom? Alles andere wäre unfair. Ich habe dieses Jahr noch kein einziges Mal gefehlt!«

Sylvie sah sie todernst an, nach Art: *Ich spreche als Mutter zu dir, meine Tochter.*

»Wenn du letztes Jahr keine Belobigung bekommen hättest, würde ich es nicht wagen, Leonie, das ist dir klar, oder?«
»Ja, ich weiiiiß, Mom.«
»Okay. Wollt ihr dann mein spezielles Glücksrezept ausprobieren?«

Gut, ich gestehe, dass wir es wie zwei Fünfjährige im Chor brüllten. Sylvie öffnete die Türen des Küchenschranks, nahm einen riesigen Beutel Mehl heraus und stellte ihn auf die Kücheninsel, bevor sie zu uns sagte:

»Kinder, wir gönnen uns den ganzen Tag *dolce far niente*, alle drei. Schlüpft wieder in eure Pyjamas, ich rufe derweil meinen Boss und euren Rektor an, alles andere erfahrt ihr später.«

OKAY, KURZES RESÜMEE VON DEM, WAS DOLCE FAR NIENTE IST,

UND AUCH

VON DEM WUNDERVOLLEN TAG MIT SYLVIE UND LEONIE

Als wir zurückkamen (Leo im Pyjama, ich in meinem Overall – ich hatte null Bock, in demselben Outfit rumzulaufen wie in den letzten drei Tagen), winkte uns Sylvie zu einer riesigen Weltkarte, die schon ewig an der Küchenwand hängt.

Ich dachte: Komisch. Diese Karte hängt schon die ganze Zeit da, aber ich habe sie nie beachtet.

Sylvie erklärte mir, dass sie jedes Mal, wenn sie von einer Reise zurückkommt, einen Reißnagel in das Land steckt, in dem sie war – zur Erinnerung, nehme ich an. Sie deutete auf Italien und sah uns an.

»Ich möchte euch von einer Reise erzählen, einverstanden? Sie hat einen Bezug zum heutigen Tag.«

UNSER BLEIERNES SCHWEIGEN SCHRIE: JA, AUF, ERZÄHL! Und Sylvie begann.

»Mit 21 war ich zum ersten Mal in Italien. Mit deiner Mutter, Fanny. Marianne und ich hatten unsere letzten Cent zusammengekratzt, um hier zu segeln, in Santa Maria di Leuca an der Adria. Und das nur, weil Marianne in einem *Reader's Digest* gelesen hatte, dass dort einer der höchsten Leuchttürme von Europa steht! Ich habe es nie so ganz begriffen, aber ich kam trotzdem mit.«

Mir schnürte es die Kehle zu. Warum schafft Dad es nie, genauso unbefangen von meiner Mutter zu erzählen wie Sylvie?

»Du mochtest sie sehr, meine Mutter?«
»Wie eine Schwester.«

Leonie und ich sahen uns an. Ganz klar, dass wir uns fragten, ob eine klitzekleine Chance bestand, dass auch wir das füreinander werden konnten.

»Erzähl weiter, Sylvie.«
»Eines Abends lagen wir an Deck unseres Boots. Das taten wir öfter und schauten dabei in den Himmel, ohne zu reden. An diesem Abend schaute Marianne aber nicht zum Himmel, denn sie hatte sich ein winziges Wörterbuch gekauft, weil sie den Klang der italienischen Sprache so sehr liebte. Und auf einmal spürte ich, dass etwas passiert war: Sie hatte sich keinen Zentimeter bewegt, aber ich hatte das Gefühl, sie wäre soeben auf einen Schatz gestoßen. Sie hob den Kopf und sagte: ›Sylvie, ich habe den schönsten Ausdruck der Welt entdeckt.‹

Ich sah Sylvie an und wusste instinktiv, was meine Mutter entdeckt hatte.

»*Dolce far niente.* War es das?«
»Ja, ganz genau.«
»Okay, Mom, aber was bedeutet dieses *Dolce-was-weiß-ich?*«
»Es bedeutet *süßes Nichtstun.*«
»Jetzt tu bloß nicht so cool, Mom! Du bist dauernd hinter mir her, damit ich lerne, arbeite und noch mal lerne.«
»Aber ja, Süße, ich sage ja nicht, dass man nicht arbeiten muss! Aber die Italiener haben diesen Ausdruck erfunden, um sich daran zu erinnern, wie wichtig es ist, auch mal eine Pause einzulegen und mit dem Herzen zu sehen. Und in schwierigen Momenten, wenn mir alles sinnlos erscheint, gibt mir dieser Ausdruck die Kraft, die Welt auf diese Weise zu sehen.«

Als ich das hörte, dachte ich an die letzten Tage zurück.

»Momente ... wie die Tage, die ich hinter mir habe, richtig?«
»Ich denke, ja. Mir zumindest hilft es enorm. Und es funktioniert.«

Sylvie wandte sich von der Weltkarte ab, fast als nehme sie Abschied von jemandem, den sie liebt. Dann sagte sie mit einem komischen italienischen Akzent:

»Und genau das werrrden wirrr heute machen. Wirrr werrrden ... echte italienische Pasta kochen!«

Und so kam es.
Wir machten unser erstes *Dolce far niente*,
indem Leo und ich
superleckere hausgemachte Pasta zubereiteten.

Und ich bin mir sicher, dass es bis in den noch zugefrorenen Garten nach Tomatensoße roch.

Aber als die Sonne unterging, war der Topf wieder gespült und wir hatten in acht Stunden mehr gelacht als im gesamten letzten Jahr. Dann saßen wir vor großen Tellern mit selbst gemachten Fettuccine unter einem Berg von Parmesankäse und sahen uns den neuen Film mit Ryan Gosling an.
Irgendwann schliefen wir alle drei auf dem Sofa ein. Zehn Stunden später weckte Leonie uns dadurch auf, dass sie sich aus den Decken schälte.

»Mom?«
»Mhmm?«
»Wenn ich dir verspreche, dass ich auch für den Rest meines Lebens eine Belobigung bekomme, können wir dann auch heute *Dolce far niente* machen?«
»Definitiv nein!«
»Okay. Aber kann ich die restlichen Fettuccine zum Frühstück essen?«
»Aufstehen! Du auch, Fanny! In drei Minuten seid ihr angezogen, verstanden?«

So kam es, dass wir um 7:35 Uhr heute Morgen vor drei Tellern leckerer Pasta saßen und es mit dem Frieden vorbei war. Ein Stimmchen in mir sagte: »Ich hoffe, du hast es genossen, Fanny. Denn der Tornado nähert sich.«

Ich habe es genossen, wirklich.
Fanny xx

PS Nr. 1:
Gut, dass ich meine Lethargie abgeschüttelt habe.
Denn ich werde Henri irgendwann beweisen,
dass diese Textnachrichten nicht von mir kamen.
Jemand wollte uns auseinanderbringen,
das spüre ich,
und fertig.
Es wird zwar nichts mehr ändern,
weil wir dann Tausende von Kilometern voneinander
entfernt sein werden.
Aber zumindest kennt er dann die Wahrheit.

PS Nr. 2:
Tagebuch, ich werde dich für ein paar Tage
in eine Schublade legen, okay?
Bis zu meiner Abreise sind es noch sechs Nächte
und die möchte ich nicht mit Nachdenken
und Grübeln verbringen.
Aber keine Angst,
ich werde dich mitnehmen.

Montag, 20. März

Kann es sein,
dass Schweigen manchmal mehr sagt als tausend Versprechen?

Heute Morgen wirkte der leere Parkplatz des Einkaufszentrums von Sainte-Lorette noch leerer als gewöhnlich. Ich wartete auf den Bus, der mich zum Flughafen bringen würde, als sie angerannt kam.

»Was machst du hier? Du solltest in der Schule sein, Leo.«
»Dolce far niente.«

Ich lachte, allerdings etwas gequält, weil ich eigentlich traurig war.

»Du hast es nicht kapiert ... Das geht nur in Italien, glaube ich.«
»Ich wollte dich nicht ganz allein auf den Bus warten lassen.«
»Du wirst mir fehlen.«

Leonie drückte mich an sich und ich musste an Henri denken. Wie schön es gewesen wäre, wenn er gekommen wäre, um mich zu umarmen. Ich ertappte mich sogar bei einem verstohlenen Blick in die Ferne, für den Fall, dass …

Aber er war nicht da.

»Du erlebst in Japan bestimmt so viele aufregende Sachen, dass du mich vergisst.«
»Der einzige Mensch, den ich vergessen möchte, ist Henri.«
»Ich weiß.«
»Du, Leo …«
»Was?«
»Ich weiß, dass du allergisch bist, aber … Könntest du vielleicht hin und wieder nach Albert sehen?«
»Hä? Nimmst du ihn nicht mit?«
»Nein. Wollte ich zuerst, aber Dad sagte, er müsse 40 Tage lang beim japanischen Zoll in einem Käfig in Quarantäne, bevor ich ihn zurückbekomme. Das würde Albert nicht überleben.«
»Deshalb hast du ihn bei Henri gelassen?«
»Ja.«
»Herrje, du Arme! Aber klar, ich werde ihn besuchen.«

Ich hatte es nicht vorgehabt, das heißt, es war nicht geplant, aber ich tat es. Ich öffnete meinen Rucksack, reichte Leonie einen Umschlag und sah ihr in die Augen.

»Leo, kann ich dir vertrauen? Ich meine, so richtig?«
»…«
»Ich möchte, dass du ihn Henri gibst, bitte. So bald wie möglich, wenn es geht.«
»Was steht da drin?«
»Das zu erklären würde zu lange dauern. Gib ihm den Brief einfach.«
»Hältst du es für eine gute Idee, ihm zu schreiben?«

»Warum sagst du das?«
»Ich weiß nicht, ich finde nur, dass in Briefen alles immer trauriger und wahrer klingt.«
»Kannst du ihn Henri einfach geben, bitte?«

Leonie nahm den Umschlag an sich. Im gleichen Moment kam der Bus und ich dachte mir: Wenn ein Bild mehr sagt als tausend Worte, dann sagt Schweigen vielleicht mehr als tausend Versprechen.

»Pass auf dich auf, Fanny.«
»Versprochen. Du auch. Und hör auf zu heulen. Ich ziehe ja nicht auf einen anderen Planeten.«
»Aber fast.«
»Ja, ich weiß.«
»Tschüss.«
»Tschüss.«

ICH HABE SAINTE-LORETTE OFFIZIELL VERLASSEN.

Leonie war die letzte Person, von der ich mich verabschiedet habe. Dann war's vorbei.

Ich bin seit zwanzig Minuten in der Luft und habe das komische Gefühl, dass mein Körper zwar in diesem Flieger sitzt, aber auch irgendwie noch am Boden verankert ist, an sämtlichen Stellen dieser Stadt, in der ich die letzten Monate verbrachte.

Du findest es sicher verrückt, Tagebuch, aber ich weiß nicht mal, wie lange ich in Japan bleiben werde. Oder ob ich dort in eine Schule gehe. Und ob ich eines Tages wieder nach Sainte-Lorette zurückkehre. Genau genommen weiß ich **NICHTS** über die kommenden Monate und daran bin ich ganz allein schuld.

Wann immer Dad fragte, ob ich endlich bereit sei zu reden, ob ich denn keine Fragen hätte, stellte ich mich taub. So etwas nennt man Verdrängung. Und jetzt, wo ich diese Zeilen schreibe, muss ich mir, in 7.000 Metern Höhe, endlich eingestehen, dass alles wahr und es zu spät für einen Rückzieher ist.

F. xx

ABER

EINES VERSPRECHE ICH DIR FEIERLICH, TAGEBUCH.

FALLS ICH IN HAARGENAU VIER WOCHEN FESTSTELLE,
DASS ICH NICHT GLÜCKLICH BIN,
UND ZWAR MIT EINEM GROSSEN G,
PACKE ICH MEINE KOFFER UND
FLIEGE NACH SAINTE-LORETTE ZURÜCK.

*** 4 WOCHEN ***

*Das dürfte reichen,
um Dad zu beweisen,
dass es ein Fehler war,
mich ein zweites Mal zu entwurzeln.*

Dienstag, 21. März

ALLES,
aber nicht DAS

Ich bin noch nie allein geflogen.
☒ Jetzt schon.

Ich saß noch nie allein nachts auf einem Flughafen herum.
☒ Jetzt schon.

Ich hatte noch nie so einen Schock wie vorhin
(ich weiß, es ist schwer zu glauben), aber ...

ICH KANN ES NICHT.
ICH KANN ES NICHT, NEIN,
NEIN UND NOCH MAL NEIN!

02:34 (ERKLÄRUNGEN)
Flughafen von VANCOUVER

Ich musste Dad mindestens zweihundert Mal versprechen, ihn von Vancouver aus anzurufen. Er wollte sich bestimmt nur vergewissern, dass ich meine Fluchtpläne aufgegeben hatte. Doch nach einem kurzen Anruf wusste er, dass ich nur noch ein Ziel hatte:

in einem STÜCK in JAPAN ANZUKOMMEN.

»Dad, ich bin's. Entschuldige, wenn ich dich wecke, aber ich wollte dir sagen, dass ich ... na ja, dass ich noch lebe.«

»Hallo, Fanny! Du hast mich nicht geweckt, hier ist es erst 19 Uhr. War alles okay im ersten Flieger?«

»Ja, abgesehen von der alten Frau, die fünf Stunden lang neben mir geschnarcht hat, war alles gut.«

»Du machst das schon wie ein Profi, siehst du?«

»Olympiareif, ja.«

»Bist du noch sauer, Prinzessin?«

»Nein. Ich weiß nicht, keine Ahnung ... Aber ich freue mich auf dich.«

»Ich erst!«

»Gehen wir dann wenigstens Sushi essen?«

»So viele Sushis, wie du willst, versprochen! Ich bringe dir sogar welche mit, wenn ich dich vom Bahnhof abhole.«

»Wie, vom Bahnhof?! Du hast doch gesagt, du holst mich vom Flughafen ab!«

Plötzlich hatte Dad einen Tonfall à la: *Ich habe zwar ein schlechtes Gewissen, aber ich muss dich trotzdem enttäuschen.*

»Ja, ich weiß, Süße ... Aber ich muss leider in Kyoto bleiben, wegen der Arbeit. Aber keine Sorge, ich habe alles organisiert.«

O nein!
Wenn Dad sagt, er habe alles organisiert, kann es nur bedeuten:

NIMM DICH IN ACHT, FANNY, KATASTROPHE IM ANZUG!

»Eine Freundin von mir holt dich ab. Sie heißt Yoko. Okay?«

»Yo-wie?«

»Yoko.«

»Pfff! Das soll ein Name sein? Klingt eher nach einem Staubsauger.«

»He, das ist nicht nett, Fanny. Yoko freut sich auf dich. Ich habe ihr schon sehr viel von dir erzählt.«

»...«

»Also, pass auf dich auf. Bald sehen wir uns wieder.«

»Mhmm ...«

»Guten Flug, Schnuckelchen.«

»Okay, tschüss, Dad.«

Nach dem Vergnügen von **10 Stunden** und **22 Minuten** Flug mit **Megaturbulenzen** + **aufgetautem Essen** + **Tütchen mit Knabberzeug** + **tierischen Ohrenschmerzen** landete ich schließlich in Tokio. Ich kam mir wie auf einem fremden Planeten vor, hatte mir aber **GANZ FEST** vorgenommen, nicht in Panik zu geraten.

*Fanny, konzentriere dich darauf,
deinen Koffer zu holen, und halte – damit du dich nicht
in einer der größten Städte der Welt verirrst –
Ausschau nach deiner Retterin, nämlich:*

Nach zehnminütiger erfolgloser Suche setzte ich mich mitten in der Haupthalle des Flughafens auf meinen Koffer. Ich sah unzählige Menschen an mir vorbeihasten und dachte nur:

Mensch, Dad,
ich fasse es nicht.
Du hast vergessen, mir zu sagen, wie ich diese Yoko erkenne.

Gerade als ich mir ernsthaft überlegte, zur Polizei zu gehen und den japanischen Behörden zu sagen, dass ich die Tochter eines Verrückten war und **UMGEHEND** einen Rückflug nach Quebec brauchte, hörte ich eine Stimme.

»*Funny, Funny, hello! Come here!*«

Eine Frau mit einem Schild in der Hand, auf dem **FUNNY** stand, sprach mich in einem Englisch an, das irgendwie mehr wie Japanisch klang, aber nur fast.

»Ähm, ich?«
»*Yes! You!*«
»Ich heiße Fanny, **FANNY**.«
»Ja, Funny.«
»Okay, von mir aus.«

Zwanzig Minuten später saß ich neben der Frau mit dem komischen Akzent in einem Zug. Wir waren schweigsamer als zwei buddhistische Mönche in tiefer Meditation. Ja, du hast richtig gelesen, Tagebuch: Ich stieg mit einer Fremden in einen Zug – ungeachtet dessen, was Dad mir immer zum Thema »nie mit Fremden mitgehen« eingeschärft hatte.

Was soll's, dachte ich mir, diese Japanerin – angezogen, als ginge sie zu einer Hochzeit – wirkte wahrlich nicht supergefährlich. Das einzige Risiko bestand darin, dass mich ihr grellorange geblümtes Kleid (das einen guten Wandteppich abgegeben hätte) erblinden lassen könnte. Aber ich hatte keine andere Option – und keinen Plan B. Weil man in diesem Land nur japanische Schriftzeichen sieht. An den Wänden, in den Restaurants und sogar auf der Kleidung der Leute.

Alles ganz unkompliziert hier …

Man spricht Japanisch, man isst japanisch, alles läuft japanisch

UND ICH VERSTEHE NICHTS.

Dieser Zug hätte mich auch auf den Mond bringen können, wenn ich es mir recht überlege.

Gut, weiter im Text. Sobald ich in dem Zug saß, der uns nach Kyoto bringen würde, schloss ich die Augen. Ich saß im schnellsten TGV* der Welt und spürte nicht mal, dass er 420 Stundenkilometer fuhr, weil mein Gehirn kaum vom Fleck kam.

* Hochgeschwindigkeitszug, und glaub mir, Tagebuch, er fährt echt schnell.

Die Katastrophe – nein, die Apokalypse, sollte ich besser sagen – ereilte mich beim Aufwachen: Als sich der Zug unserem Ziel – und somit meinem Dad – näherte, hatte Yoko ihr Handy am Ohr und schon nach nur wenigen Sätzen hatte ich **ABSOLUT ALLES** kapiert, Tagebuch.

»Hello, Hubert? It's me, Yoko. My love, we arrive in 10 minutes. Funny's still sleeping.«

Im Klartext:
Habe ich etwa eine japanische Stiefmutter und muss für immer und ewig hierbleiben? Ähm, ich denke nicht, nein.

19:15 Uhr (japanischer Zeit)
Ankunft

Zwölf Minuten später stand ich vor Dad und sein strahlendes Lächeln zeigte mir, wie sehr er sich freute, mich endlich wieder bei sich zu haben. Aber das ließ mich völlig kalt angesichts dessen, was ich gerade mitgekriegt hatte. Selbst als er mich in die Arme nahm, konnte ich nur denken: Ich muss so bald wie möglich zu Sylvie und Leonie zurück. Ja, mein Entschluss stand fest: Ich haue wieder ab, ob es Dad passt oder nicht!

Yoko spricht vielleicht kein Französisch, aber immerhin sah sie an meinem Gesichtsausdruck, dass etwas nicht stimmte. Sie trat ein paar Schritte zurück, um mir die Gelegenheit zu geben, mit dem größten Lügner der Geschichte ein paar Worte zu wechseln.

»Fanny, endlich! Echt komisch, dich hier zu sehen, Schatz!«
»Wie wahr!«
»Du musst müde sein, Prinzessin!«

»...«

»Oh! Wenn du bei Yoko genauso stumm warst, muss dir die Zugfahrt ja endlos lange vorgekommen sein.«

»Dad, kann ich dich etwas fragen?«

»Aber ja, schieß los!«

»Ich wette, du findest es superoriginell, richtig?«

»Was?«

»Exotisch sogar.«

»Was meinst du? Ich verstehe nicht ...«

»Yoko, so hieß die Tussi von John Lennon, Dad! Aber du bist **NICHT** John Lennon. Und sie ist **NICHT** Yoko Ono! Du bist also nur ein Abklatsch, der mit 40 Jahren Verspätung den größten Komponisten der Popgeschichte nachäfft!«

»Fanny, du ...«

»Nein, erspar mir deine dämlichen Entschuldigungen! Dir war **KLAR**, dass ich nicht gekommen wäre, wenn ich gewusst hätte, dass du dir hier eine Geliebte zugelegt hast! Gib's zu!«

»Fanny, lass uns zu Hause darüber reden.«

»Zu Hause? Wo, zu Hause? Ich sehe weit und breit kein Haus. Ich sehe nur ein viel zu großes Land und eine zu fette Lüge, mit der du mich hergelockt hast! Und jetzt sitze ich hier fest!«

»Komm, Fanny. Gehen wir nach Hause!«

»Als ob ich eine andere Wahl hätte!«

Ich entriss Dad meinen Koffer und marschierte einen Meter vor ihm her. Yoko-nicht-Ono lief hinter uns her. Ab diesem Moment sagte ich kein einziges Wort mehr und vergoss vor allem keine Träne.

Ich hatte sowieso keine einzige mehr übrig. Ich werde ein Panzer des Kummers sein.

Auf dem Weg »nach Hause« blickte ich kein einziges Mal auf, um durch die Autofenster die Stadt zu betrachten. Natürlich war ich mächtig gespannt, Tagebuch, zu sehen, wo ich hier gelandet war. Aber das hätte meinem Herrn Vater, der mich während der ganzen Fahrt im Rückspiegel beobachtete, so gepasst! Ich spürte deutlich, dass er auf ein Zeichen, ein Wort oder sonst etwas wartete, was ihn hoffen lassen könnte, ich würde mich früher oder später an sein japanisches Leben gewöhnen.

DESHALB ...
HABE ICH MICH INTENSIV AUF MEINE
FÜSSE
konzentriert.

32 Minuten später kamen wir an.

Kaum war ich endlich allein in dem Raum, den Dad als »mein Zimmer« bezeichnete, schrieb ich an Leonie.

Das Internet hier funktioniert gerade so gar nicht – ha, meine vielen Nachrichten werden Dad ein Heidengeld kosten! Aber nachdem ich mit Leo geschrieben habe, habe ich jetzt wirklich an Wichtigeres zu denken.

AUSTAUSCH VON TEXTNACHRICHTEN
21. März 4:20 Uhr in Quebec (hupps!)
21. März 17:20 Uhr in Japan

Fanny
Hallo, Leo, ich bin's!! Endlich angekommen.

Leonie
Hey, das ging ja schnell!

Fanny
Machst du Witze? Ich bin vor zwei Tagen abgeflogen!!

Leonie
Stimmt, du hast recht. Alles gut?

Fanny
NEIN.

Leonie
Bist gerade erst angekommen, also keine Panik.

Fanny
Egal, ich bleibe auf gar keinen Fall.

Leonie
Hä???

Fanny
> Ich komme nach Sainte-Lorette zurück!!!
> Wird dich nicht überraschen, aber Dad hat mich SCHON WIEDER angelogen.
> Diesmal MUSS er endlich mal nachgeben.

Fanny
> Bin bald wieder bei dir und ich weiß, dass man so etwas nicht per Nachricht schreibt, aber ich möchte dir sagen, dass ich im Flieger viel Zeit zum Nachdenken hatte und ... Wir dürfen nicht zulassen, dass ein Junge zwischen uns steht. NIE MEHR!

Von Leonie kam plötzlich nichts mehr. Das fand ich komisch, sehr schräg. Extrem schräg sogar. Okay, mein Fehler, dass ich sie mitten in der Nacht geweckt hatte, aber sie hätte sich trotzdem freuen müssen, als ich ihr sagte, dass wir bald wieder zusammen wären, oder?

Fanny
> He, warum sagst du nichts?

Leonie
> Wie?

Fanny
> Hallo, duuuuuuuu???

Leonie
> Hier ist es mitten in der Nacht, ich bin total verschlafen ... Ich schreib dir später, okay?
> Pass auf dich auf xx

Fanny
> Hast du Henri meinen Brief gegeben?

Fanny
> Sag mir noch schnell, ob du ihm den Brief gegeben hast. BITTE!

OB DU ES GLAUBST oder nicht, **TAGEBUCH:** *Leonie hat nicht* **AUF MEINE LETZTE** *Nachricht reagiert!*

EIN PAAR FAKTEN ZU DADS WOHNUNG:

SIE IST

EISIG UND WINZIG.

SÄMTLICHE TÜREN SIND AUS REISPAPIER, ECHT WAHR!

Folglich: Ich ziehe meinen Wintermantel nur aus, wenn ich ins Bad gehe.
+
Der abgeblätterte beigefarbene Anstrich stammt von 1940
(iiih, total deprimierend).

DIE WOHNUNG IST GERAMMELT VOLL MIT NEUEN

Dad hat sich offenbar wieder mal selbst darin
übertroffen, unser familiäres Umfeld

KOMPLIZIERT zu gestalten.

Beispiel: Den Toaster hat Dad zu einem Gerät umgebaut, das anscheinend von allein ein komplettes Frühstück zubereitet: Rührei, Toast, Kaffee. Klar, dass ich keinen Schimmer habe, wie man das Ding einschaltet.
Ich werde hier verhungern.

3.

DIE WOHNUNG LIEGT *direkt über dem* **LADEN EINER ALTEN FRAU,** die an die 150 Jahre alt sein muss.

SIE VERKAUFT NUR LIPPENSTIFTE UND PUDER, ALLES SEHR DUBIOS.

Mittwoch, 22. März

HIER
Wenn mein Dad einen auf Vater macht.

»Ja, ich hab's gewusst.«

Um diesen Satz zu sagen, setzte sich Dad heute früh um sieben auf mein Bett. Aha, er war offenbar bereit, mir die Wahrheit zu sagen. Im Gegensatz zu Leonie, die – das nur nebenbei – meine Nachricht auch heute noch ignoriert.

»Ich wusste, dass du nicht gekommen wärst, wenn ich dir ... das mit Yoko gesagt hätte.«
»Stimmt so nicht.«
»Ich weiß.«
»...«
»Und ich entschuldige mich. Aber wart's ab, irgendwann wirst du sie mögen.«
»Dürfte schwierig sein, deine Yoko spricht nämlich kein Französisch.«
»Sie wird es lernen. Genau wie du.«
»Wie – ich?«
»Vielleicht wirst du eines Tages Japanisch lernen ... Wer weiß?«
»Glaub ich nicht, nein.«

Dad starrte auf die Blümchentapete, die alle vier Wände meines Zimmers schmückt. Und ich dachte mir: Man könnte sie von der Wand reißen und ein riesiges Kleid für deine Yoko daraus machen, meinst du nicht? Aber das sprach ich lieber nicht aus, so früh am Morgen bin ich nicht sehr schlagfertig. Aber ich war immerhin schon wach genug, um zu merken, dass sich Dad für meinen Koffer interessierte: Mit einem Fuß hob er den Deckel hoch – ich wette, um zu sehen, ob ich mich bereits damit abgefunden hatte, hier zu leben.

»Soll ich dir helfen, deinen Koffer auszupacken?«
»Wozu? Ich bleibe nicht.«
»Fanny!«
»Ich kann wieder zu Sylvie ziehen, Dad.«
»Kommt nicht infrage. Wir beide sind doch immer gut miteinander ausgekommen, oder? Da gibt es nichts zu diskutieren, du bist meine Tochter, verflixt noch mal!«
»Dann benimm dich gefälligst wie ein Vater!«

Nach diesem Satz – diesem Angriff, genauer gesagt – sprang Dad auf, so abrupt, als hätte ihn sein verletzter Stolz vom Bett katapultiert.

»Okay.«
»Was, okay?«
»Pass schön auf, damit du siehst, wie sich ein Vater benimmt. Es wird dir eine Lehre fürs Leben sein, Fanny!«

Nun schlug ich endgültig die Augen auf. Mist ... Die Diskussion war mir offenbar entglitten: Dads Zeigefinger keine zwei Zentimeter vor meiner Nase ist ein sicheres Zeichen dafür, dass er sich krampfhaft bemüht, die Antwort (oder Strafe) des Jahrhunderts zu finden.

SHIT *Da war ich wohl (ECHT) zu weit gegangen.*

»Heute Abend sind wir bei meinem Kollegen Dimitri eingeladen. Und du kommst mit, ob du willst oder nicht. Also steh jetzt auf, zieh dich an, mach einen auf freundlich und sieh zu, dass du um Punkt 17 Uhr fertig bist. Und kein Widerwort mehr!«

»Aber ... Dad, was soll ich dort? Ich will nicht ...«

»Fanny Cloutier, **SCHLUSS**! Es reicht! Es war die dümmste Idee, dich nach Sainte-Lorette zu schicken. Du bist seither wie ausgewechselt.«

»Ich war nie anders! Aber du!«

»Es reicht! Du bleibst in deinem Zimmer!«

»He, ich bin keine sechs mehr!«

»Tja, dann benimm dich eben wie eine Fünfzehnjährige!«

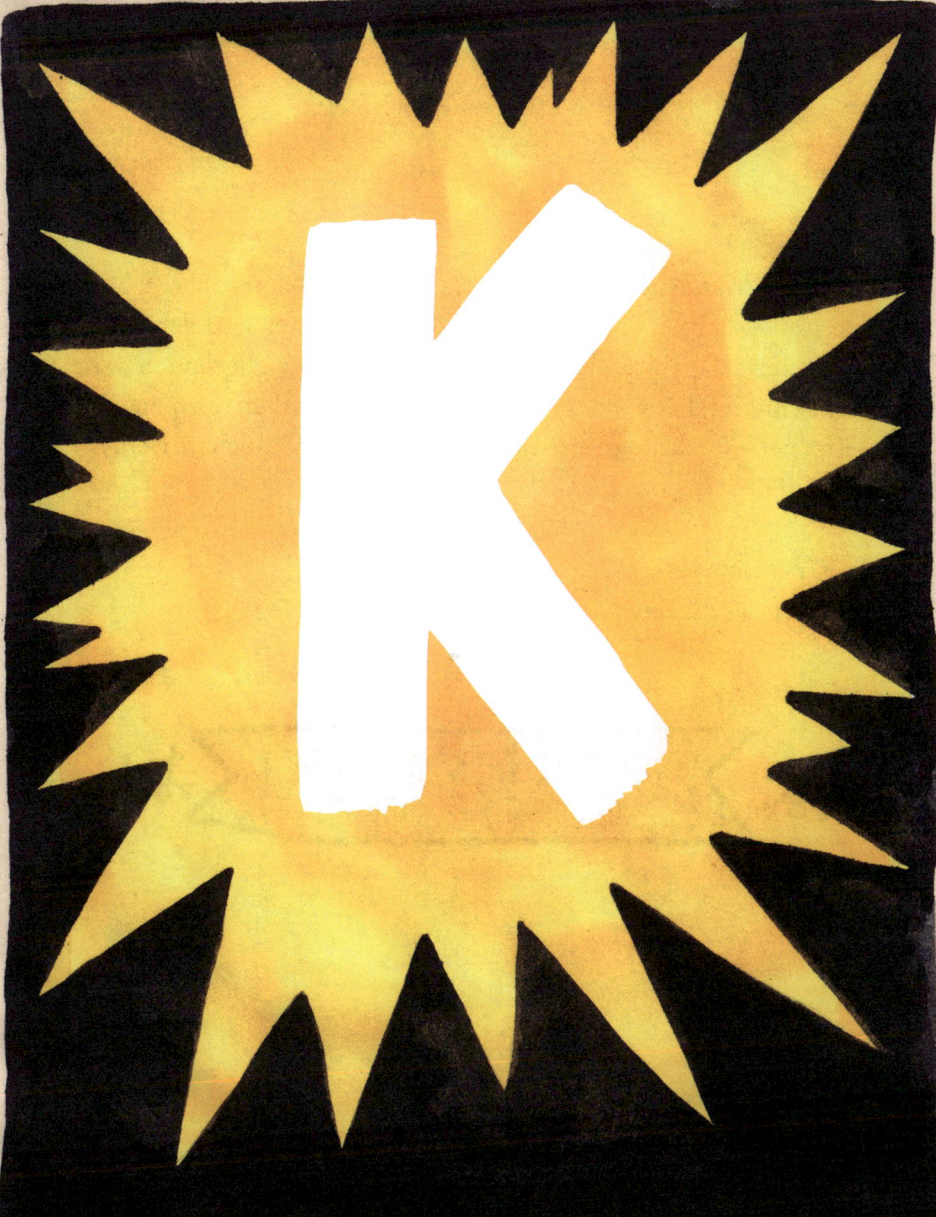

He, Dad klaut meine Sprüche,
weil er **unfähig ist**,
selbst welche zu erfinden.

Nach diesen Worten marschierte er in die Küche. Ich konnte hören, wie nervös er war, weil er anfing, die Spülmaschine auszuräumen, und dabei lauter mit dem Geschirr klapperte als sonst. Wenn ich ihm nachgelaufen wäre und mich entschuldigt hätte, hätte er sicher eingelenkt. Aber wozu auch? Damit ich seine perfekte, heimatvertriebene, einsame kleine Tochter werde? Nein, danke, kein Bedarf.

Da kam mir eine Idee,
die sich als die dümmste auf Erden entpuppen sollte.

Fatalerweise wusste ich es da noch nicht.

Okay, dann komme ich eben mit zu deinem doofen Kollegen.
Aber ich werde dich bis auf die Knochen blamieren, Dad.

✳✳✳ PLAN ✳✳✳

Solange Dad
mich
zwingt, in Japan zu bleiben,
werde ich dafür sorgen,
dass sein schönes Leben ein einziger
ALBTRAUM wird.

Mittwoch, 22. März
(Fortsetzung)

Lektion in Peinlichkeit
für Anfänger

Dad hatte es sich in den Kopf gesetzt, dass es mir extrem guttun würde, zu Fuß zu diesem bescheuerten Abendessen zu latschen. Also durchquerte ich die halbe Stadt, mit einem Vater, der einen Riesenteller mit ungefähr hundert hausgemachten Windbeuteln vor sich hertrug. Er nennt sie seine »Hotdogs à la Crème«.

»Wärst du nicht meine Tochter, würde ich denken, du hättest schon immer in Kyoto gelebt.«
»Und wärst du nicht mein Vater, würde ich denken, du wärst Konditor.«
»Ich sage es nur, weil wir seit einer halben Stunde unterwegs sind und du dich kein einziges Mal umgeschaut oder irgendwelche Fragen gestellt hast.«
»Na und?«
»Wir sind in einer der schönsten Städte der Welt, Fanny! Macht das keinen Eindruck auf dich?«

Okay, ich gebe zu, dass er nicht unrecht hatte. Aber ich wollte mich nicht umschauen – ganz ähnlich wie jemand, der eine Erdnussallergie hat, um jedes Erdnussbutterbrötchen einen Bogen machen würde. Ich bin allergisch gegen Kyoto und deshalb sehe ich mich nicht um, egal wie exotisch oder schön es hier ist, denn sonst würde Dad denken, ich hätte resigniert und wäre bereit, mich in das Leben hier einsperren zu lassen (puh, das war ein echt langer Satz).

Immerhin hatte mein Plan bis jetzt ganz gut funktioniert. Denn Dad hatte keine Ahnung, was ich ausgebrütet hatte, um seinen Abend zu ruinieren – und mit etwas Glück auch seinen guten Ruf. Mit seinen Kommentaren ging er mir aber gewaltig auf die Nerven.

»Ich finde, du hast ganz schön dick aufgetragen, Fanny.«
»Mit was?«
»Na, Make-up. So viel Blau auf den Augen und knallrote Lippen kenne ich gar nicht bei dir.«
»Tja, vielleicht hat Japan mich inspiriert.«
»Aha. Dann kann ich nur hoffen, dass es dich nicht zu stark inspiriert.«

Dann (endlich) kamen wir am Haus von Dads Kollegen an, das übrigens tausendmal schöner ist als unseres.

BEWEIS
UND HIER SETZTE MEIN PLAN EIN.

SAMS HAUS

Kaum öffnete sich die Tür, sorgte ich dafür, dass die hundert kleinen Windbeutel, die Dad so liebevoll fabriziert hatte, auf dem Boden landeten, direkt am Eingang.

UND SOGAR:
auf der Hose unseres Gastgebers.

Absolut alles war voller Schlagsahne und Schokolade. Ohne mich zu entschuldigen, marschierte ich ungerührt ins Haus und benahm mich, als sei ich eine Touristin. Großzügig verteilte ich die Pampe an meinen Schuhsohlen im ganzen Haus und kommentierte nebenbei noch die Bilder an den Wänden. Dad ging in die Hocke und überschlug sich fast vor Entschuldigungen.

»Dimitri, das musst du nicht aufwischen, lass! Fanny, komm sofort wieder her! Du machst ja alles schmutzig!«

Dad starrte mich strafend an, doch das juckte mich nicht.

»Ah! Ups! Sorry ... Ich habe gar nicht geschaut, wohin ich gehe. Wow! He, was für eine supertolle Kopie von van Gogh! Sie wissen schon, dass er nicht nur malte, sondern auch ein Tagebuch führte, mit recht intimem Zeug? Nein? Das wussten Sie nicht?«

Wir waren seit maximal 3 Minuten hier. Und Dads Kollege – ein pseudointellektueller Snob mit Anzug, Krawatte und Halbglatze – hasste mich bereits. Was ihn wohl mehr schockierte? Meine unerträgliche Arroganz oder mein Quebec-Akzent, der in seinen Ohren sicher unverständlich klang? Denn Dimitri und seine Familie kommen aus Paris, das nur nebenbei gesagt.

Wie dem auch sei, für mich lief alles genau nach Plan. Dimitri richtete sich wieder auf und bedachte mich mit einem kühlen, strengen, vorwurfsvollen Blick, in dem zu lesen war: *Wenn dein Vater dich nicht erzogen hat, dann werde ich dir Manieren beibringen!* Doch das hinderte mich nicht daran weiterzuplappern – ich weiß, es war schrecklich.

»Van Gogh sagte, Malen sei das, was er am wenigsten schlecht kann. Und dass er mit Menschen einfach nicht klarkomme. Umgänglich war er jedenfalls nicht. Ein bisschen wie du, Dad, stimmt's? Sie wissen es vielleicht nicht, aber mein Vater schließt sich stundenlang mit seinen Erfindungen ein und gäbe alles dafür, **BERÜHMT** zu werden ... sogar seine eigene Tochter, falls Sie verstehen, was ich meine.«

Dad kochte vor Wut, aber ich war noch lange nicht fertig. Denn unter meinem Daunenmantel verbarg ich seinen **SCHLIMMSTEN** Albtraum, nämlich:

*— Und als Sahnehäubchen —
hatte ich mir rund um den Bauchnabel ein
VOGEL-TATTOO gemalt ... (heute Morgen)*

ABER
DASS ICH, MEIN BIKINI UND MEIN BESCHEUERTES TATTOO
DIESE SCHLACHT KRACHEND VERLOREN,
WURDE MIR KLAR, ALS ICH FOLGENDES ERBLICKTE
(nach einem Blick in Richtung Küche):

Dimitri .... Dads Kollege
Jeanne .... die Frau von Dads Kollegen
Sam .... der **SOHN** von Dads Kollegen

Richtig, Tagebuch: Dimitri hat einen Sohn, etwa in meinem Alter, der Sam heißt und der – glaub mir – alles andere als durchschnittlich ist. Nein, dieser Junge haut einen um.

Sam sieht aus, als sei er geradewegs einem Modejournal entsprungen: dunkle Augen, herzförmiger Mund genau im richtigen Rotton und Unmengen von kastanienbraunen, gewollt stylish aussehenden Locken. Alles an ihm ist einfach perfekt, ein Meisterwerk – wie von einem Künstler in Stein gehauen.

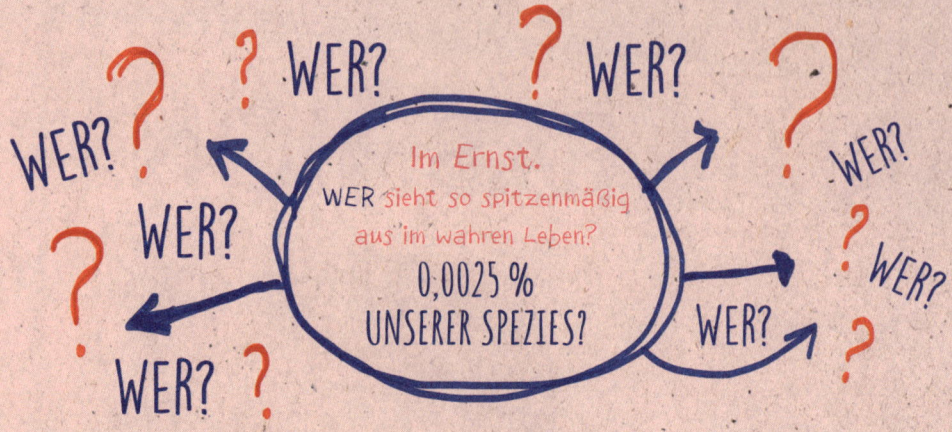

Mister Perfect lehnte im Korridor an der Wand, die Kopfhörer um den Hals gehängt (**OMG**, sein Hals), und musterte mich ungeniert. Es war nicht zu übersehen, dass er sich köstlich amüsierte über die dämliche Show, die ich gerade abgezogen hatte.

Als er näher kam, dachte ich nur: Shit, Fanny, lauf zum nächstbesten Fenster und spring **RAUS**. Auf, ein Mindestmaß an Stolz!

Zu spät.

Der junge Adonis (alias Sam) stand vor mir mit seinem Pariser Akzent, der gleichzeitig sarkastisch und übertrieben freundlich klang. Unnötig zu erwähnen, dass ich verlegener wurde als JEMALS zuvor in meinem Leben.

Ehrlich!

Im Vergleich zu dem, was an diesem Abend passierte, war meine Begegnung mit Henri märchenhaft gewesen, Tagebuch.

»Fanny, richtig? Was du über Japan wissen solltest, ist, dass man hier die Schuhe auszieht, bevor man ... egal wohin es geht. Um nicht alles mit ... Schokolade vollzuschmieren.«

Meine Antwort klang, als sei auch mein halbes Gehirn mit Schokosahne verstopft:

»Ah … ach ja? Ich bin leider erst gestern hier angekommen, ähm, bei uns in Quebec … Ich meine, da …«
»Ihr liebt Schokolade?«
»Ich ziehe sie aus. Meine Schuhe, meine ich … Ich ziehe meine Schuhe aus. Hey, Dad, lass, ich werde … das Zeug aufwischen.«

Ohne mich eines Blickes zu würdigen, reichte mir Dad die Küchenpapierrolle.

»Wird auch Zeit!«

Er verzog sich mit den anderen ins Wohnzimmer. Mit allen außer *Mister Perfect*. Der sah mir amüsiert zu, wie ich das Chaos im Eingangsbereich aufwischte.

TOTALE UND ABSOLUTE DEMÜTIGUNG

»Gehe ich recht in der Annahme, dass ihr in Quebec auch im Haus nie den Mantel auszieht?«
»Hä?«
»Ich wollte nur fragen, ob du mir deinen Mantel gibst. Ich hänge ihn auf.«
»Nein! Nein, nein ... O nein, mir ist kalt, entsetzlich kalt, danke.«
»Du bist *strange*.«
»Bin ich nicht. Bei euch ist es eiskalt.«
»Wie du meinst.«

Sam schlenderte davon, die Hände in den Taschen vergraben.

Arrrgggghh!

Seine megacoole Art, die den Eindruck erweckte,
als würde alles an ihm abprallen,
hatte eine gewaltige Wirkung auf mich.

Ich holte tief Luft und dachte mir:

Okay, fanny,
krieg dich wieder ein
und lass dir etwas einfallen,
denn früher oder später
musst du den Mantel sowieso ausziehen.

»Bitte alle zu Tisch!«

Dimitri forderte uns auf,
am Esszimmertisch Platz zu nehmen. Ja, am Tisch.

Ein GROSSES WORT.

Hier in Japan – damit muss ich mich wohl abfinden – isst man nicht nur mit Stäbchen, sondern zudem auf dem Fußboden. **ECHT WAHR**, Tagebuch! Als hätte sich jemand einen Spaß daraus gemacht, die Füße sämtlicher Tische abzusägen.

Äußerst achtsam näherte ich mich Dad. Aber ich spürte, dass **NICHTS** jemals wiedergutmachen konnte, was ich ihm angetan hatte, und folglich war mein kleiner Aufstand gescheitert.

»Wir zwei sprechen uns noch. So etwas machst du nie wieder, Fanny.«
»…«
»Du hast mich bis auf die Knochen blamiert.«
»…«

»Vor der einzigen Person, die beruflich jemals an mich geglaubt hat!«
»Ich ... Ich entschu...«
»Fanny, ich würde dir raten, **KEIN** einziges Wort mehr zu sagen.«
»Okay.«
»Nimm dir ein Kissen und setz dich dorthin!«
»Dorthin?«

»Dorthin?« wie in: »Muss ich mich wirklich neben Sam setzen?«

Ich verging fast vor Hitze in meinem Mantel und so nah bei Sam zu sitzen würde die Sache sicher nicht leichter machen! Zwanzig Sekunden später war ich schon rot wie eine Tomate. Jeanne und Dimitri stellten eine riesige Schüssel mit Spinat-Fettuccine vor uns ab. Ungläubig sah ich zu Sam.

»Pasta?«
»Du bist vielleicht lustig. Hast du gedacht, in Japan isst man nur Reis und Sushi?«
»...«
»Dachte ich anfangs auch.«

Ich grinste. Sam hatte recht: Ich war tatsächlich davon ausgegangen, hier in Japan auf alles verzichten zu müssen, was auch nur annähernd wie Pizza oder Spaghetti aussieht. Obwohl mein Klamottendilemma noch längst nicht geregelt war und ich den traurigen, aber realistischen Eindruck hatte, Dad würde wegen der Blamage vorhin lebenslang sauer sein, fühlte ich mich doch schon etwas besser. Das lag allerdings weniger an den Fettuccine als vielmehr an Sam.

Gerade als ich das dachte, schoss mir ein Gedanke durch den Kopf. Und dieser ungebetene Gedanke hatte sogar einen Namen. Er hieß .... Henri.

Jedes Mal wenn ich anfange, mich ein kleines bisschen wohlzufühlen, taucht plötzlich sein Gesicht in irgendeinem Teil meines Gehirns auf. Damit muss Schluss sein, sagte ich mir. Ich muss unbedingt mit Leonie reden. Ich werde sie notfalls tausend Mal anrufen, um zu erfahren, was in Sainte-Lorette los ist.

Dads Stimme riss mich abrupt aus meinen Träumereien.

»Fanny.«
»Was?«
»Zieh den Mantel aus, wir wollen essen.«
»Aber, Dad, ich fürchte, das ist keine gute Idee.«
»Fanny, du ziehst jetzt deinen Mantel aus!«
»Na schön, okay ... Aber sag nicht, ich hätte dich nicht gewarnt.«

GLEICH BRICHT
....
DAS TOTALE CHAOS AUS.

Als ich mich gerade dazu durchrang, meinen Mantel auszuziehen – unter dem gespannten Blick von Sam (und dem immer noch erzürnten meines Dads) –, rettete mich ein Klopfen an der Haustür. Hurra! Dimitri kam gerade mit einer großen Schüssel Salat aus der Küche zurück.

»Sam, würdest du bitte aufmachen?«
»Nein, lass, Sam. Fanny wird gehen, nicht wahr, Fanny?«

Ich erhob mich, obwohl ich Dads Art, hier seine Autorität zu demonstrieren, nicht besonders subtil fand. Als ich dann aber die Tür öffnete, musste ich mich enorm zusammenreißen. Denn meine Gesichtszüge drohten zu entgleisen, als ich sah, wer bibbernd vor mir stand: Ja, ich spreche von Miss Gobelin (aka *Dads Geliebte*). Aber da ich an diesem Abend schon genug verbrochen hatte, bot ich meinen Rest an Manieren auf und bat sie herein.

(minimaler Rest)

»Immer hereinspaziert, Yoko, ich beiße nicht.«
»Güten Abend, Funny.«
»Fanny ¬ ich heiße **FA**-nny.«
»Bin etwas spät, Verzeihung.«
»Hä? Du sprichst Französisch?«
»Ich versuche. Bisschen …«

»Na, du sprichst gar nicht so schlecht, finde ich.«
»Dänke.«
»Du, Yoko. Meinst du, du verstehst mich, wenn ich dich etwas frage?«
»Frage, ja, ja.«
»Okay. Ich habe ein **RIESEN**problem. Denkst du, du kannst mir helfen?«
»Sprich mehr langsam, okay?«

Mir war nämlich etwas Geniales eingefallen. Okay, vielleicht nicht direkt genial, aber besser als ... mir den Rest meines Lebens zu versauen.

UND MEINE LÖSUNG HIESS YOKO

Sagen wir nur, dass Yoko nicht begriff, was sich da an der Haustür abspielte, aber als sie sah, dass ich obenherum nur ein Bikinioberteil trug, war sie sofort bereit, mir ihre hübsche Kaschmirweste auszuleihen. Ihr Französisch ist zwar bescheiden, aber sie hat ein Talent für das Entschlüsseln von Nichtverbalem.

Der Rest des Abends verlief ganz gut. Ich konnte mich Sam gegenüber ganz normal verhalten und ich glaube, er fand mich auch gar nicht mehr *strange*. Das weiß ich, weil er mich zum Schluss noch eingeladen hat ... Trommelwirbel bitte! ... zu einer Party am nächsten Samstag!!!

// PS: //
Eines möchte ich aber klarstellen: Ich bin immer noch frustriert und verzweifelt. Aber die Aussicht auf eine Party mit Leuten meines Alters reizt mich wesentlich mehr als die, den Samstagabend mit Dad und seiner neuen Freundin zu verbringen.

Morgen mehr ...
(über diese Party).

Fanny
xox

Donnerstag, 23. März

Meine erste japanische Party!
Yeah!

Hallo, Tagebuch. Ich tue so, als würde ich noch tief und fest schlafen. Weil ich nämlich **WEISS**, dass mich nach dem, was gestern Abend passiert ist, kein angenehmer Morgen erwartet. Dad ist so was von vorhersehbar. Ich kann mit fast 100%iger Sicherheit sagen, dass er mich, sobald ich auch nur den kleinen Zeh aus dem Bett strecke, zu sich rufen wird – wahrscheinlich an den Küchentisch. Er wird mir beide Hände reichen und darauf bestehen, dass wir reden.

Reden.
Und noch mal reden.
Immer und immer wieder.

Für Situationen, in denen wir Zoff haben, hat er sich eine schwachsinnige Regel ausgedacht, um den Streit beizulegen: Wir halten uns an den Händen und schauen uns in die Augen, bis **ER** findet, dass unser Streit vorbei ist, **ICH** alles eingesehen habe und nicht mehr damit anfange. Und danach sagt er immer dasselbe:

Und fertig.

Ich kann es kaum erwarten, bis ich endlich 18 bin
und diesen Schwachsinn nicht länger ertragen muss.

Kurzum: Ich stelle mich weiter schlafend, weil ich im Moment keinen Bock auf dieses Ritual habe. Mein japanisches Bett ist übrigens recht bequem – wie du siehst, gibt es zumindest *etwas* Positives hier!

Zweiter Pluspunkt, der es verdient, erneut erwähnt zu werden: »Perfect Sam« hat mich gestern Abend zu meiner ersten Party eingeladen (keine japanische!).

ERKLÄRUNG:

Der Rest des Abendessens verlief ohne weitere Zwischenfälle. Miss Gobelin, die nur wenig von dem verstand, was geredet wurde, zeigte mir das **GANZE** Abendessen lang, wie man Fettuccine mit Stäbchen isst, während Dimitri an Dads Lippen hing, als der ihm vom Fortschritt seiner Forschungen über die dämlichen Quallen berichtete.

Im Gegensatz zu mir schien sich Sam megamäßig für Dads Forschungen zu interessieren, bei denen es darum geht, den Alterungsprozess zu stoppen. Er stellte Unmengen von Fragen, die mein Dad nur zu gern beantwortete, während ich mich ebenso verloren fühlte wie Yoko, da ich die ganze Zeit nur Bahnhof verstand.

Das führte mir vor Augen, dass ich eigentlich keine Ahnung habe, was mein Dad hier tut. Hat mich ehrlich gesagt nie interessiert. Aber als ich sah, wie fasziniert Sam war, musste ich mir eingestehen, dass Dad vielleicht nicht direkt der »Vater des Jahres« ist, aber ich wohl auch nicht die »Tochter des Jahres«.

Aber DAS wollte ich gar nicht erzählen.

SONDERN ...

Gegen Ende des Essens ging auf Sams Handy eine Lawine von Nachrichten ein. Und da mein soziales Leben hier im Moment der Wüste Gobi gleicht, war ich neugierig, was so wichtig sein konnte, dass er dermaßen gefragt war. Das ließ mich etwas Dämliches sagen – was sich im Endeffekt aber als recht zielführend erwies!

»Oh ... Du scheinst ja sehr beliebt zu sein.«
»Die Leute schreiben mir nur, weil ich zum Schulanfang eine Party organisiert habe.«
»Hä? Wir haben doch erst März! Das neue Schuljahr fängt erst im September an, oder?«

Sam hörte auf zu tippen und sah mich an, als wollte er sagen:

Sag mal, auf welchem Planeten lebst du denn?

Dad musste es mitbekommen haben, weil er anfing zu erklären – ganz klar, dass er unbedingt einen weiteren diplomatischen Fauxpas von meiner Seite verhindern wollte:

»Fanny ist erst gestern angekommen und sie und ich hatten in letzter Zeit kleinere Kommunikationsprobleme.«
»...«
»Fanny, ich wollte es dir morgen sagen, aber da wir schon mal bei diesem Thema sind ... Ähm, wie soll ich sagen? Hier in Japan fängt das neue Schuljahr immer in der ersten Aprilwoche an.«

Ich schwöre, ich wäre vom Stuhl gefallen, wenn ich auf einem gesessen hätte, als ich begriff, dass ich in einer Woche in die Schule gehen musste. Doch statt die Kontrolle zu verlieren, reagierte ich so weise – wenn nicht gar noch weiser – wie der Dalai Lama angesichts einer komplexen und **TOTAL** ungerechten politischen Situation. Denn ich sagte nur:

»Okay, cool. Aber ich muss schnell Pipi machen, Dad. Bin gleich wieder da.«

Ich erhob mich betont langsam und verließ demonstrativ den Raum.

Ich musste DRINGEND an die frische Luft, Tagebuch.

Ich setzte mich vors Haus, betrachtete die Schneeflocken, die auf meine ausgeliehene Kaschmirweste fielen, und fragte mich, wie ich es schaffen sollte.

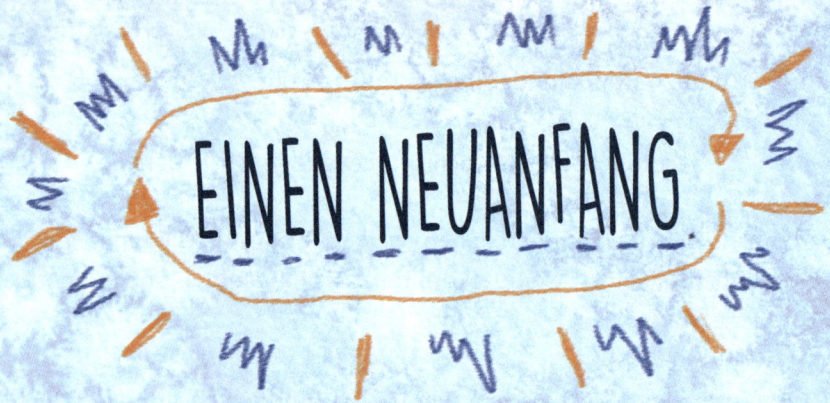

In einer neuen Schule ganz neu anzufangen. Ich hatte natürlich geahnt, dass ich eines Tages wieder zur Schule gehen musste ...

... aber schon in EINER Woche?

Gerade als ich dachte, dass ich wohl wieder zurückgehen müsste, wurde hinter mir leise die Haustür geöffnet. Es war Sam. Er setzte sich wortlos zu mir. Wir beobachteten die Schneeflocken, die auf Kyoto fielen, und trotz der widrigen Umstände stellte ich zu meiner Überraschung fest, dass es ein schöner Anblick war.

Und das ließ mich an Henri denken.

Sams französischer Akzent rief mir jedoch in Erinnerung, dass es absolut nicht Henri war, der neben mir saß.

»Gib zu, dass du hier in Japan nicht mit Schnee gerechnet hast.«
»Nein, hab ich nicht. Woher weißt du das?«
»Weil ich genauso überrascht war, als wir hierherkamen. Das ist zwei Jahre her. Man gewöhnt sich daran.«
»In Quebec schneit es viel, ich bin daran gewöhnt.«
»Nein, ich rede davon, sich in einem neuen Land einzuleben. Hier.«
»Hmm ... Ich glaube nicht, dass ich mich schon wieder neu einleben kann. Mein Vater tut es mir schon zum zweiten Mal in einem Jahr an.«

Sam schien erstaunt und es tat mir gut, jemanden zu haben, der sozusagen auf meiner Seite war.

»Im Ernst?«
»Aber ich bin selbst schuld. Als Dad mir sagte, dass ich zu ihm nach Japan kommen muss, war ich so sauer, dass ich nicht darüber reden wollte. Er kann also nichts dafür, dass ich das mit der Schule nicht wusste.«
»Moment mal, du bist in ein fremdes Land gezogen und hast deinem Dad keine Fragen gestellt?«
»Ähm ... nö.«
»Keine einzige?«

Ich schüttelte den Kopf.

»Wow. Du bist vielleicht komisch.«
»Nicht besonders. Ich bin ziemlich normal, wirst schon sehen. Na ja, vielleicht auch nicht, weil wir uns vermutlich nicht wiedersehen ... Ähm, eines Tages bestimmt, da unsere Väter zusammen arbeiten, aber ... Ah, ich rede ständig von mir ...«
»Vielleicht doch.«
»Ich weiß, ich rede zu viel.«
»Nein! Ich meine, du hast recht ... Vielleicht sehen wir uns ja wieder, falls du zu meiner Party kommst.«
»Ich?«
»Klar, du! Oder willst du die ganze Woche mit deinem Vater in eurer Miniwohnung rumsitzen? Da wird man ja verrückt.«
»Ich kann aber kein Japanisch.«
»Du weißt echt nicht, was junge Leute wie uns hier erwartet, stimmt's?«
»Wie, junge Leute wie uns?«
»Ja, uns Kinder von Ausländern.«

Meine großen Augen (und mein fast leerer Blick) sagten:

Stimmt.
Ich weiß rein gar nichts.

»Du gehst nicht auf eine ›normale‹ Schule. Falls dein Vater einigermaßen normal tickt, hat er dich am französischen Lyzeum angemeldet.«
»Moment mal. Willst du sagen, dass du mich zu einer Party einlädst, wo alle in **UNSEREM** Alter sind, **FRANZÖSISCH** sprechen, und dass ich auf eine Schule gehen werde, an der alle ...«
»Französisch sprechen, ja.«
»Wow! Okay, das ist die beste Nachricht des Jahrhunderts!«
»Ich denke schon. Also ... Kommst du am Samstag?«

Im ersten Moment fiel mir nichts dazu ein, obwohl mich diese Party enorm reizte. So kam es, dass Sam und ich in fast völligem Schweigen dasaßen. Aber komischerweise hat es mich kein bisschen gestört. Ich lächelte Sam an und er nahm es anscheinend als ein Ja, denn er antwortete:

»Ich hole dich ab, wenn du willst.«
»Okay, perfekt.«
»Gehen wir wieder rein. Ich friere mir einen ab.«
»Hä?«
»Mir ist kalt.«
»Ach so, ja. Okay.«

ICH DACHTE MIR:

Ich mag ja kein Japanisch sprechen, aber Sam spricht definitiv kein Frankokanadisch!

Wir gingen beide wieder ins Haus. Dad wunderte sich bestimmt, warum ich die ganze Zeit grinste.

ENDE DER GESCHICHTE.

(O neiiiin, da fällt mir ein: Was, wenn Dad mich nicht zu Sams Party gehen lässt, weil ich ihn so blamiert habe? Egal, wenn nötig, schleiche ich mich aus dem Haus. Aber ich GEHE zu dieser Party, komme, was wolle.)

// PS: //
Weitere erfolglose Versuche, Leonie zu erreichen. Ich habe ihr vier Nachrichten geschickt und noch keine Antwort erhalten. Echt merkwürdig, nicht wahr?

VIER TEXTNACHRICHTEN
VOR 22 MINUTEN GESENDET

Fanny 9:45 Uhr

> Wenn ich dir sage, dass ich von einem echt süßen Jungen zu einer Party eingeladen wurde ... Bekommst du dann Lust, mir zurückzuschreiben?

Fanny 9:53 Uhr

> Mann, Leo.
> Ich weiß nicht, wie spät es in Quebec ist, aber ich schreibe dir seit 4 Tagen und du schweigst!

Fanny 9:56 Uhr

> Ich bin echt doof, verstehe. Du hast mich vergessen, wie Sophie mich letztes Jahr vergessen hat. Immerhin habe ich jetzt einen fiesen, guten Grund, euch in Sainte-Lorette ebenfalls KOMPLETT zu vergessen.

Fanny 9:57 Uhr

> Wenn du mir auch HEUTE nicht schreibst, Leonie Perrier, lass es auch in Zukunft bleiben. Ich bin nicht komplett blöd, weißt du.

»Mitternacht, Dad!«
»Zehn Uhr!«
»Elf!«
»Halb elf.«

»Wie soll ich hier Freunde finden, wenn du mich zwingst, eine Party genau dann zu verlassen, wenn es anfängt, cool zu werden?«
»Viertel vor elf stehst du **VOR** der Tür.«
»Mit einem Viertelstündchen Luft, falls ... was dazwischenkommt.«
»Okay, aber ich hole dich ab.«
»Auf keinen Fall!«
»Fanny, friss oder stirb!«
»Okay, aber du parkst eine Straße weiter weg und ich komme, sobald du mir schreibst. Ich will nicht, dass dich jemand sieht.«
»Okay.«

Dass Dad mich zu Sams Party gehen lässt – keine 24 Stunden, nachdem ich versucht habe, seine Karriere zu ruinieren –, ist höchst verdächtig. Es war fast zu schön, um wahr zu sein, und ich war skeptisch: Ja, ich hätte gewettet, dass Dad Hintergedanken hatte.

Ich hatte recht. Fünf Minuten nachdem Dad einen auf *»Ich bin ein cooler Vater und verzichte freiwillig auf irgendwelche Strafmaßnahmen, obwohl du sie verdient hättest«* gemacht hatte, setzte er sich im Wohnzimmer zu mir, auf unser beheiztes Sofa. Ja, richtig. Unsere Wohnung ist zwar eisig, aber unser Sofa ist glühend heiß (dank einer Art Riesentischdecke, die uns permanent die Füße wärmt). Kompliziert zu erklären, aber wahr.

So allmählich dämmert mir, warum Dad Japan so liebt:

Es ist das Land der tausendundeins Erfindungen.

Allein schon die Toilette zu bedienen ist eine Kunst für sich. Die ersten Male hatte ich fast Angst, dass mich einer der 250 Knöpfe, an denen ich herumdrückte, um die Spülung zu betätigen, eventuell ins Weltall katapultieren würde.

»Was schaust du dir an, Fanny-Schatz?«
»Japanisches Fernsehen.«
»Oh, das ist ein Quiz. Magst du doch gern.«
»Superpraktisch. Die Untertitel sind auch auf Japanisch.«
»Du kannst dir einen Film ausleihen, wenn du magst.«
»Und was magst **DU**, Dad?«
»Ich wollte dich etwas fragen.«
»Ah, wusste ich's doch! Du hast mich für gestern nicht bestraft, weil du etwas von mir willst, richtig? Spuck's aus, ich bin zu intelligent für solche Spielchen!«
»Setz dich wieder, Fanny.«

Ich setzte mich wieder. Was sonst? Meine Freiheit ist mir wichtig. Da rückte Dad damit heraus: Ich soll am Sonntag mit zu Yokos Mutter kommen. Ja, Yokos Mom, ich habe es doch geschrieben.

»Japan ist ein traditionelles Land. Und die Tradition sieht vor, dass ich ...«
»Ja, ich hab's verstanden: Yokos Mom besuchst. Aber warum ich? Was habe ich mit deinen Traditionen zu tun?«
»Du bist nun mal meine Tochter.«
»Soweit ich weiß, seid ihr nicht verheiratet. Obwohl ... Würde mich nicht wundern, wenn doch. He, ihr seid doch nicht verheiratet, oder?!«

Während ich noch herumnölte, fand Dad die richtigen Worte, um wieder Oberwasser zu bekommen.

»Weißt du, dass Yoko mich gefragt hat, warum du gestern Abend unter deinem Mantel nur ein Bikinioberteil anhattest? Wenn ich du wäre, würde ich jetzt einfach sagen: ›Ja, Dad, ich komme am Sonntag gern mit, und das sogar mit einem strahlenden Lächeln, auch wenn ich nach dieser Party todmüde bin.‹

Ungläubig starrte ich Dad an, mit einem Blick, in dem die Frage stand:

Im Ernst!?
Dein Deal riecht verdächtig nach Erpressung.

Ich dachte an die Party am Samstagabend und gab klein bei.

»Aber ja, Dad. Ich komme am Sonntag mit, und das mit einem strahlenden Lächeln, auch wenn ich nach der Party todmüde bin. Zufrieden? Darf ich jetzt wieder fernsehen?«
»Ja, oder … Sollen wir vielleicht über deine neue Schule reden?«
»Nein, schon gut. Sam hat mich informiert.«
»Okay. Ich höre nur noch: Sam hier, Sam da …«
»Aber nein, stimmt nicht.«
»Aber nein, stimmt nicht.«
»Hör auf, mich nachzuäffen, Dad.«
»Hör auf, mich nachzuäffen, Dad.«

Wenn Dad versucht, witzig zu sein – dann ist das seine Art, mir zu sagen, dass er sich freut, dass ich da bin, im selben Haus und Land wie er. Ich konzentrierte mich wieder auf meine japanische Fernsehsendung.

Ich wollte ihn nicht von seiner Wolke stürzen.

F. xoxo

Sonntag, 26. März

Wahrheit oder Pflicht?
(Samstag, 19:50 Uhr)

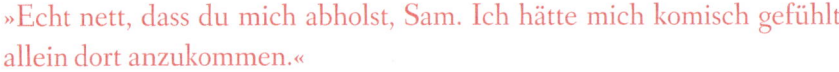

»Echt nett, dass du mich abholst, Sam. Ich hätte mich komisch gefühlt, allein dort anzukommen.«
»Ist doch normal.«
»O nein! Weißt du, letztes Jahr in Sainte-Lorette hatte ich einen ganz anderen Start.«
»Wo bitte?!«
»In Sainte-Lorette. Dort habe ich bei meiner Tante Lorette gewohnt.«
»Hä? Deine Tante heißt Lorette und wohnt in einer Stadt, die ebenfalls …?«

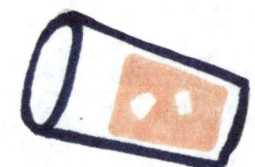

»... Sainte-Lorette heißt, richtig. Noch schräger ist aber, dass ich nicht mal wusste, dass ich Verwandte dort habe. Das habe ich erst erfahren, nachdem Dad bei dem Erfinderwettbewerb gewonnen hatte. Er hat mich meine ganze Kindheit über belogen ...«

Während wir durch die weißen Straßen von Kyoto gingen, habe ich Sam alles erzählt. Wie Dad mich entwurzelte, indem er nach Japan fuhr. Dann die Sache mit meiner Mutter und alles, was ich im letzten Jahr über meine Familie herausfand. Ich erzählte ihm alles. Ja, alles.

Na ja, fast alles.

Das mit Henri nicht.

Von Henri konnte ich ihm nicht erzählen. Ich habe nicht mal seinen Namen erwähnt. Nicht eifersüchtig sein, Tagebuch, aber es tat mir total gut, das alles endlich mal laut auszusprechen, zum ersten Mal! Nach ungefähr zwanzig Minuten meiner »Lebensbeichte« blieb ich verdutzt stehen, weil ich eine Art Déjà-vu hatte.

»He, Sam. Hier waren wir doch schon mal!«
»Ähm, ja. Aber ich hatte das Gefühl, dass du so viel zu erzählen hast, und deshalb ...«
»Was?! Sind wir etwa die ganze Zeit im Kreis gelaufen? Im Ernst?«
»Ja, sind wir.«
»Ich weiß nicht, ob es dir klar ist, Sam, aber du bist auch ganz schön *strange*.«
»Na ja, vielleicht ein bisschen. He, dir ist kalt, Fanny. Hier, nimm meinen Schal.«

Ich ließ mir von Sam seinen endlos langen karierten Schal um den Hals wickeln und sagte mir, dass Henri vor Eifersucht geplatzt wäre, ja, **GEPLATZT**, wenn er es gesehen hätte.

Aber weißt du was?
War mir ehrlich gesagt egal.

Ich hätte sogar zwei Millionen Dollar gezahlt, wenn mich ein Paparazzo gefilmt hätte und das Video im selben Moment ...

Aber gut, seien wir realistisch. Kein Paparazzo der Welt interessiert sich für mich. Sams Schal um meinen Hals hat mich also nur vor dem Erfrieren bewahrt.

Wir setzten uns wieder in Gang – in die richtige Richtung diesmal und vor allem, ohne dass ich wie ein Wasserfall redete. Ich bat Sam, mir von sich zu erzählen, und merkte, dass ich nicht die Einzige mit einem komplizierten Familienleben bin.

»Wenn du denkst, dein Vater sei kompliziert, dann kennst du meinen nicht.«
»Echt? Ich fand deinen Vater ganz cool ...«
»Cool? Mein Vater? Nein, echt nicht.«
»Warum sagst du das?«

»Weil er mich ... na ja ... für eine Niete hält.«
»Dich? Eine Niete?«
»Sagt er natürlich nicht, aber ich spüre es. Dass ich ihm nicht ähnlich bin, ist die große Katastrophe seines Lebens.«
»Klar, du hast definitiv mehr Haare als er ...«

Sam lachte, aber nur halb. Irgendwie gequält. Da ich es nicht schaffte, witzig zu sein, machte ich einen auf philosophisch.

»Ich finde es gut, anders zu sein als seine Eltern. Ist doch nur ein Beweis, dass sich die menschliche Spezies weiterentwickelt.«

Sag mal, Fanny Cloutier,
bist du heute Abend ein Roboter, der Blödsinn schwafelt?

»Ja, kann sein. Aber ich habe so gar keine Lust, über ihn zu reden.«
»Wie du willst. Aber mich stört es nicht, Sam. Ganz im Gegenteil.«

Sam blieb abrupt stehen, ohne ein Wort. Drei Frauen, in Kimonos aus geblümter Seide gehüllt (ähnlich wie Yoko, nur irgendwie majestätischer) und mit einem Teint wie Porzellan, gingen in einem Meter Entfernung an uns vorbei.

»Das sind Geishas, Fanny.«
»Wow! Echte?«
»Ja, hat dein Dad es nicht erwähnt? Sie leben fast alle im gleichen Viertel wie wir, in Gion.«
»Ach, wusste ich nicht. Ich wusste nicht mal, dass unser Viertel Gion heißt.«
»Du bist zu komisch!«
»...«

Ich hatte schon von Geishas gehört, aber ich wollte trotzdem SAMS Definition hören.

Sam erklärte mir, dass Geishas schon als sehr junge Mädchen verschiedene Künste erlernen (Tanz, Singen, Musizieren usw.) und sich außerdem sehr speziell und, sagen wir, sehr traditionell verhalten müssen (DIE GANZE ZEIT).

Sie wohnen oft für Jahre mit anderen Geisha-Lehrmädchen zusammen.

Und ja, man erkennt sie auf der Straße an ihrem Porzellanteint, den knallroten Lippen und den Seidenkimonos, die (laut Sam) oft teurer sind als ein Brautkleid.

Sam sagte, es gäbe nur noch ungefähr 200 Geishas* auf der Welt, die angeblich fast alle in unserer Stadt wohnen.

*Im 19. Jahrhundert waren es noch 17.000!

Ende der Geschichtsstunde für Anfänger :)

Und genauso schnell, wie sie aufgetaucht waren, verschwanden die drei Geishas wieder im Dunkel einer Gasse.

— EINFACH SO. —

Ich hätte Sam die ganze Nacht zuhören können, wie er von Geishas erzählte, aber da fiel mir plötzlich ein, dass wir auf einer Party erwartet wurden, und nach all den absichtlichen Umwegen trafen wir endlich dort ein.

»Wir sind da.«

Fanny, sagte ich mir, das ist **DEINE** Chance, Kontakte zu knüpfen. Und auch wenn diplomatische Zwischenfälle neuerdings deine Spezialität geworden sind, tu bitte **NICHTS**, was dich zur neuen »Außenseiterin von Kyoto« machen könnte.

— BITTE! —

ABER WEITER: Wir betraten ein achtstöckiges Gebäude, das komplett, wirklich komplett hell erleuchtet war und so gar nicht zu den verlassenen Straßen der Viertel passte, durch die wir hergekommen waren.

Sobald ich über die Schwelle trat, hatte ich das komische Gefühl, nach Las Vegas katapultiert worden zu sein! Überall blinkten Lichter und die unzähligen Spielautomaten dudelten und plärrten einer lauter als der andere. Es war total verrückt!!! Ich war anscheinend der **EINZIGE** Mensch, der nicht begriff, was hier abging.

Sam erklärte mir, dass wir in einer Spielothek waren und dass die Party, die er organisiert hatte, in der sechsten Etage stattfände, in einem kleinen Privatsaal, komplett schwarz und rundum verglast.

Nur Mut, Fanny. Für einen Rückzieher ist es zu spät.

Wir fuhren in die sechste Etage und Sam reichte mir ein Armband – unser Einlassband für diesen Abend. Ich hatte noch nie ein Einlassband für egal was gehabt: Ganz klar, dass man in Japan sehr viel mehr von Partys versteht als in Sainte-Lorette. (Yeah!)

1:0 FÜR JAPAN

»Mit diesem Armband kannst du auf allen Stockwerken hier spielen. Wenn du willst, zeige ich dir, wie es geht. Aber pass auf, dass du dich nicht verläufst, wenn du in andere Stockwerke gehst, weil hier alles auf Japanisch steht!«

Uff! Nach einem Blick über das Treppengeländer wusste ich, was ein »Kulturschock« ist. Ich konnte nicht glauben, dass es auf unserem Planeten so einen Ort gab. Auf diesen acht Stockwerken – **ACHT ETAGEN!** – standen Hunderte von Jugendlichen vor irgendwelchen Automaten, so konzentriert, als ginge es um ihr Leben. Und obwohl ich nicht gerade ein Fan von Videospielen bin (überhaupt nicht, ehrlich gesagt), war es mit Abstand das Exotischste, was ich je in meinem Leben gesehen hatte.

Erde an Fanny.
Erde an Fanny.

Sam redete mit mir und ich hatte ihn nicht mal gehört!

»Gehen wir weiter?«
»Oh ... ja, okay ... Du, Sam ...«
»Was ist?«
»Sag mal, warum bist du eigentlich so nett zu mir?«
»Wie meinst du das?«
»Ach, nichts ...«

Ich hob mir mein Kompliment für später auf, weil wir gerade den »Privatraum« betraten. *Instant Crush* von *Daft Punk* lief und weil so viel Zeug von der Decke hing – goldene Ballons und knallbunte Luftschlangen –, sah ich kaum einen Meter weit. Das hier war mit wirklich großem Abstand die megamäßigste Party, auf der ich **JEMALS** war!

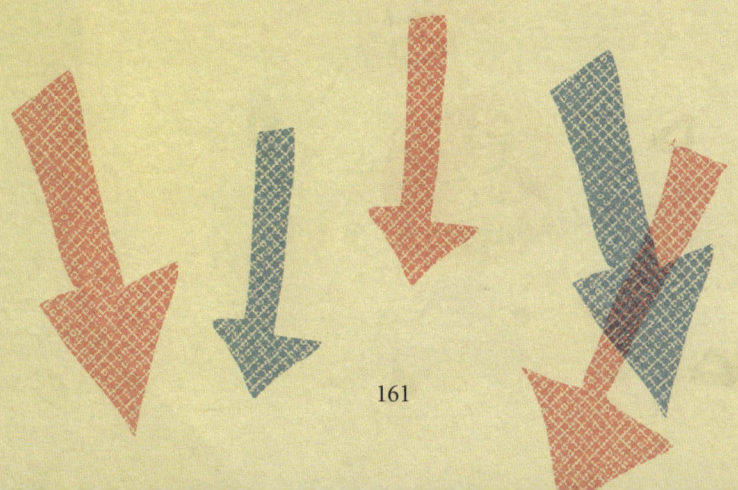

DIE GEILSTE PARTY MEINES LEBENS!

(Ein Hoch auf DAFT PUNK!)

»Soll ich dein Bier zu meinem stellen?«

Bier? O nein.
Daran hatte ich gar nicht gedacht.
Bravo, gut gemacht, Fanny.

»Äh, nein … Mein Bier, stimmt. Hmm, ich hab's bei meinem Dad vergessen.«

»Nicht schlimm, macht gar nichts, du kannst was von mir haben. Ich hole nur schnell einen Flaschenöffner. Kann ich dich drei Minuten allein lassen? Danach stelle ich dir meine Freunde vor.«
»Klar, geh ruhig!«
»Okay.«

In Wirklichkeit machte es mich supernervös, mutterseelenallein auf einer nicht direkt japanisch-japanischen Party rumzustehen.

Aber bis dahin
war eigentlich alles erstaunlich gut gelaufen.

Zu gut,
um wahr zu sein.

Dass die Sache komplizierter werden würde, begriff ich, als mir schwante, dass mein Problem an dieser Schule, in dieser Stadt, in meinem neuen Leben ab sofort heißen würde:

»Hallo!«
»Guten Abend.«
Mit Pariser Akzent, wie ich betonen möchte. Pfff.
»...«

Okay, sagte ich mir. Eine unsympathische Tussi. Ich wollte das Schweigen brechen und die Fronten gleich klären, nach dem Motto: *Ich bin echt nett und dein snobistischer Pariser Akzent macht mir keine Angst, wir werden sicher Freundinnen werden, okay?*

P-U-S-T-E-K-U-C-H-E-N

Ihr Blick sagte mir überdeutlich,
dass sie mich bereits in die Kategorie »Dazwischen« einsortiert hatte.

*Eigentlich hatte ich gedacht, dass man zumindest einen kompletten Satz gewechselt haben musste, bevor man in irgendeine Kategorie eingestuft wurde.
Offenbar nicht.*

Die Dazwischen-Kategorie:

Ein*e Schüler*in dieser Kategorie
gehört weder zu den Coolen noch zu den Opfern.
Er*sie liegt, wie der Name schon sagt:
irgendwo dazwischen.

Der Vorteil daran?

Man wird von den Stars der Schule nicht gemobbt
und kann trotzdem Freunde haben.
Nachteil: Für die Coolen existiert man so gut wie nicht
und wenn nichts Überraschendes geschieht,
wird man nie mit den Coolen ausgehen und (oft) auch nicht
zu deren Partys eingeladen werden.

PS:

Alle diese schwachsinnigen Regeln erinnern doch sehr
an die Gesetze des Dschungels, finde ich.
Löwen können sich für die Stärksten halten,
aber jeder weiß, dass Elefanten intelligenter
sind und
FOLGLICH
die Löwen am Ende der Nahrungskette stehen.
ICH WERDE EIN ELEFANT SEIN.

Ja. Diese Capucine ist mir so was von egal und wenn wir schon dabei sind, alle Mädchen ihrer Art auf Erden. Ich war schon immer »dazwischen« und werde es auch bleiben.

Aber nichts zu machen: Je länger ich sie anschaute, desto mehr Lust hatte ich, etwas zu sagen in der Art:

»He, wow,
du siehst genauso fade aus wie dein zu blasser Lippenstift.«

Aber keine Sorge, Tagebuch, ich habe natürlich nichts (Fieses) gesagt.

»Ich heiße Fanny. Und du?«
»Sag mal, ist das da etwa Sams Schal? Um deinen Hals?«
»Um meinen Hals? Ähm, ich ...«
»Wer bist du eigentlich?«

OKAY, DU SCHNEPFE.
DU WEISST DEFINITIV NICHT, WOHER ICH KOMME.
WENN DU KRIEG WILLST, KANNST DU IHN HABEN!

»Habe ich doch gerade gesagt, ich bin Fanny. Und wenn du es genau wissen willst, ich trage seinen Schal, weil ...«

Ich kam nicht dazu, meinen Satz zu Ende zu führen, weil sich Sam in diesem Moment neben uns stellte.

»Sie trägt meinen Schal, weil es draußen kalt ist, und wenn es kalt ist, trägt man einen Schal, um sich zu wärmen, Capucine. Verstanden?«
»Ich denke, schon.«

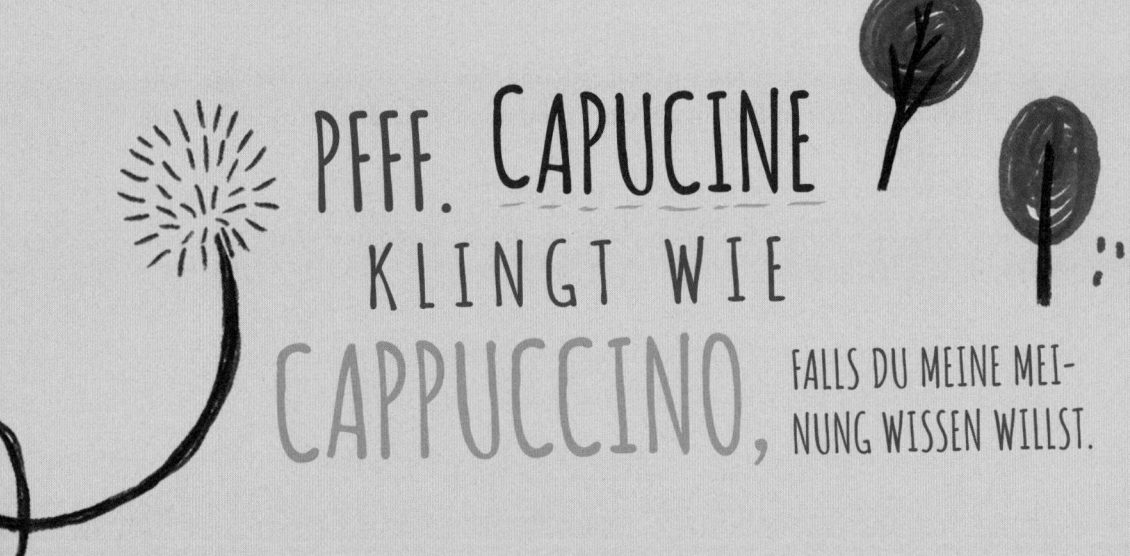

PFFF. CAPUCINE KLINGT WIE CAPPUCCINO, FALLS DU MEINE MEINUNG WISSEN WILLST.

Capucine hat eine unglaubliche rote Lockenmähne und man merkt ihr an, dass sie sich für einzigartig auf der Welt hält, nur dank dieser orangefarbenen Wallemähne, die sie überallhin begleitet.

Außerdem ist Capucine groß, richtig groß, Model-Liga, würde ich sagen. Und noch ein winziges Detail, das mir sofort aufgefallen ist: Im Vergleich zu ihrem Busen ...

... sieht meiner aus, als wüsste er nicht, was eine Pubertät ist.

Sagen wir einfach, dass diese Capucine so selbstbewusst ist wie alle, die schöner sind als der Durchschnitt. Und ich trug offenbar einen falschen Schal um den Hals.

Sam reichte mir ein Bier.

»Komm, ich stelle dir jemanden vor.«
»Okay.«

Cappuccino hätte mich vermutlich mit dem Schal erdrosselt, wenn Sam mich nicht ans Ende des Saals gezogen hätte. Zum Glück drängten sich hier mindestens fünfzig Leute im Dunkeln und Sam und ich konnten uns schnell ausklinken und allein sein.

(Endlich ... fast allein.)

Oh NEIIIIN!

Dad ruft nach mir.
Er sagt, er will mir etwas Wichtiges zeigen, was ...
Warte, ich habe nicht verstanden.

Ah.
Er sagt, dass es das Essen bei Yokos Mutter betrifft.
Mist, das hatte ich ganz vergessen.
Yokos Mutter.
Das ist nachher. Mist.

Gut, bin gleich wieder da ... Ich muss sehen, was er will.

(...)
Der Rest meiner Party
in 5 Minuten!

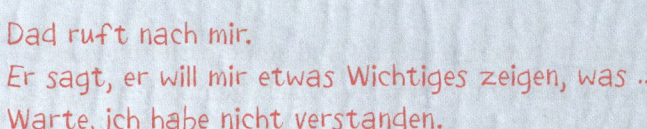

Okay! Bin wieder da. Also, wie ich schon schrieb, waren Sam und ich nicht direkt allein. Und er legte offenbar großen Wert darauf, mich einem seiner Freunde vorzustellen!

»Leif! Komm mal runter! Shit, er hört uns nicht.«
»Also, wenn ich auf einem Tisch stehen und Karaoke singen würde, könnte ich vermutlich auch nichts hören.«

Ein Junge, der trotz der gefühlt vierzigtausend Grad einen pastellblauen Pullover trug – garantiert von seiner Oma gestrickt –, wackelte mit dem Hintern, während er vor einem Monitor einen Song von Daft Punk brüllte. Ziemlich verschwitzt sprang er herunter und sprach mich mit einem englischen Mini-Akzent an, als würden wir uns schon ewig kennen.

Leif: »*Jeez*, Daft Punk zu singen geht einfach nicht. He, du bist Fanny, richtig?«
Ich: »Du ... weißt, wer ich bin?«
Leif: »Ich weiß sogar, dass du alles mit Schokolade vollschmierst, wenn du zum ersten Mal irgendwo bist.«
Sam: »Mensch, Leif, das hättest du dir verkneifen können.«
Leif: »*Not funny*. Verstehe ...«
Ich: »Nee, schon okay, stimmt ja. Ich bin das Mädchen, das Sams Haus versaut hat. Und du, du heißt Leaf wie ... ähm, wie englisch für Blatt?«
Leif: »Wenn du magst.«
Sam: »Leif kommt aus Island. Aus diesem Grund trägt er ständig dicke Wollpullover.«
Leif: »He, lass meinen *nice* Pullover in Frieden. Den hat mir meine Großmutter gestrickt.«
Ich: »Wusste ich's doch! Das hab ich mir gleich gedacht.«
Leif: »*Really?* Gefällt er dir nicht?«
Ich: »Doch, ich finde Großmütter toll. Quatsch, was rede ich da? Ich hatte nie eine. Aber kein Mensch kann etwas gegen eine Großmutter haben, ich meine ... Ich mag sie sehr, ähm, alle Großmütter.«

So viel und so schnell rede ich nur, wenn ich mich wohlfühle. Schräg, ich weiß. Aber in dem Moment, als ich mir sagte: *Sag bloß, sieht ganz so aus, als wäre ich wie gemacht für japanische Partys,* hat Leif mir eine reingewürgt.

Leif: »Okay, Fanny, *let's go.* Jetzt bist du dran mit Singen.«
Ich: »Hä ... wie bitte? Nein, ganz bestimmt nicht. Das will keiner hören, ich ...«
Leif: »Kennst du Daft Punk nicht? Du musst nur singen: *Lose yourself to dance!*«

Hilfe suchend blickte ich zu Sam.

»Sam, sag mir, dass ich nicht muss.«
»Hmm, ich fürchte, doch!«

Da holte ich tief Luft, zog meinen Pulli aus – nur im Top kam ich mir etwas hübscher vor – und trank den größten Schluck Bier der Geschichte. Drei Sekunden später stand ich auf einem Tisch und grölte:

"LOSE YOURSELF TO DANCE"

Dad darf mein Tagebuch auf gar keinen Fall finden, denn wenn er das hier liest, bringt er mich um. Ja, wirklich. Aber ich **MUSS** alles aufschreiben, sonst wäre es kein **RICHTIGES** Tagebuch. Also gut. Später an diesem Abend verteilte Sam kleine Gläschen mit einer sirupartigen Flüssigkeit, die so stark war, dass mir die Tränen kamen, nachdem ich es auf ex getrunken hatte. Dazu kann ich jetzt nur sagen, dass sich ab diesem Moment auch mein Rest an Hemmung verflüchtigte.

   – UND ZWAR SEHR, SEHR WEIT WEG. –

Leif und Sam und andere – deren Namen ich schon vergessen habe – tanzten mit komischen Hawaii-Blumenketten um den Hals. Ziemlich verrückt, ehrlich. Doch genau da (in dem Moment, als ich mir sagte, dass ich eventuell eine Karriere in der Musikwelt anstreben sollte, so total wohl, wie ich mich auf diesem Tisch fühlte) spürte ich etwas in der Gesäßtasche meiner Jeans vibrieren.

Mein Handy.

21:45 Uhr

Es konnte unmöglich Dad sein: viel zu früh. Mein Herz schlug mehrere Purzelbäume, als ich sah, dass Leonie mir geschrieben hatte.

Leonie 8:41 Uhr in Sainte-Lorette

> Ich möchte schon mit dir reden, aber nicht sofort. Gib mir maximal 24 Stunden, okay?

Leonie 8:44 Uhr

> Fanny? Warum antwortest du nicht? Wo bist du?

Ich kletterte vom Tisch und gab Sam zu verstehen, dass ich kurz aufs Klo müsse. Klar, dass er kapierte, dass etwas passiert sein musste – so schlagartig, wie ich von euphorisch auf traurig umgeschaltet hatte. Von der Toilette aus schickte ich Leonie eine lange Nachricht.

Fanny   22:08 Uhr in Kyoto

> Hey, was soll das? Du machst Stress, weil ICH nicht innerhalb von 2 Minuten antworte? Dabei warte ich seit 4 Tagen! Ich kann nur EINE Nachricht schreiben, es ist ziemlich teuer, also lies sie gut! Ich bin auf einer Party und bin ziemlich daneben. Nicht high, keine Panik, hab nur was Komisches getrunken. Wäre gut, wenn du dich am Sonntag meldest, bin sehr gespannt auf deine fiesen Erklärungen. Bye.

»Hey, schreibst du grad eine Doktorarbeit oder was?«

Cappuccino trug vor dem Spiegel eine neue Schicht ihres viel zu blassen Lippenstifts auf, während sie mich aus den Augenwinkeln beobachtete.

»Ja, darin geht es um kleine Snobs wie dich.«
»Ach nee? Du bist 'ne ganz schön Toughe.«
»Ach nee? Haha. Seit mindestens zweitausend Jahren sagt kein Mensch mehr ›toughe‹.«
»Ah, und du denkst, dein Akzent sei superklasse?«
»Ich denke nur, dass du mich in Ruhe lassen solltest. Falls du Angst hast, ich wolle dir deinen Sam ausspannen – das wird nicht passieren.«
»Das habe ich nicht gesagt.«
»Capucine, richtig? Also: Ich habe schon einen Freund in Quebec. Er heißt Henri. Alles gut? Du kannst deinen Sam also behalten.«

Das habe ich gesagt.
Echt wahr.

Ich sagte es, damit sie mich in Zukunft in Ruhe ließ. Ich hatte nicht die Kraft, an einer neuen Schule den Schikanen einer Prinzessin wie Cappuccino ausgesetzt zu sein. Und es hat funktioniert. Sie ließ mich in Frieden und verzog sich wieder ins Getümmel. Ich ebenfalls. Weder sie noch Leonie würden es schaffen, mir meine erste Party zu versauen.

Als ich wieder an die Stelle zurückging, wo Sam und Leif vorhin gestanden hatten, hatte sich die Karaoke-Ecke in eine Art Café/Teestube verwandelt. Leif hatte die Musik leiser gedreht und ungefähr fünfzehn Personen setzten sich gerade in einem großen Kreis auf den Boden.

Ich hatte nicht die leiseste Ahnung, was das sollte, und deshalb setzte ich mich – dummerweise – dazu. Leifs gute Laune war mir noch weniger geheuer als der Karaoke-Monitor.

Leif: »Oh, *well*. Wer fängt an?«
Die Blonde neben mir: »Sam, die Party war deine Idee. Also fang du an.«
Sam: »Äh, nein, ich kenne mich mit solchen Sachen nicht aus.«

MIT SOLCHEN SACHEN? Als ich mich gerade ernsthaft fragte, wie diese Party enden würde, begannen alle zu rufen:

SAM! SAM! SAM!

Sam ergab sich in sein Schicksal und setzte sich auf den Boden. Cappuccino – logisch – setzte sich direkt vor ihn und reichte ihm eine Flasche.

Cappuccino: »Wahrheit oder Pflicht?«

Oh, oh. Gefahr, Fanny!

Das sagte mir mein Instinkt, aber aus einem schwer erklärbaren Grund blieb ich sitzen.

Sam: »Gut, dann ... Wahrheit.«
Cappuccino: »Aha ... interessant.«

Cappuccino hielt eine Mütze in der Hand, in der sich – wie ich später erkannte – Dutzende kleiner Zettel mit Fragen befanden. Ihr Gesicht begann zu strahlen.

Cappuccino: »Also: Gibt es in diesem Raum eine Person, die dir gefällt?«
Sam: »...«

Auf diese Frage wollte Sam NICHT antworten.

Das haben wir alle kapiert, denn Sam drehte sich zu Leif und mir (aber mehr zu mir, würde ich sagen, obwohl Leif neben mir saß). Und dann, **ICH SCHWÖR'S**, starrte er mich lange an. Mit »lange« meine ich mindestens fünf oder sechs Sekunden. Und glaub mir, Tagebuch, das war eine Ewigkeit unter diesen Umständen. Und mir fiel nichts Intelligenteres ein, als ... auf meine Füße zu starren.

Cappuccino: »Hey, Sam, mach schon. Bist du wegen der Neuen plötzlich so schüchtern? Du musst darauf antworten, so sind die Spielregeln.«

Sam nahm die Flasche
und legte sie
direkt in die Mitte des Kreises.

Zu spät.

Cappuccino hatte gesehen, wie Sam mich angeschaut hatte – selbst ein Elefant mit dem Gehirn einer Maus hätte begriffen, was los war.

Ich dagegen hatte begriffen, wie sehr dieses Mädchen gerade verletzt worden war – in ihrem Stolz, aber sicher auch in ihrem Herzen. Und ich fühlte mich mies. Echt mies. Es kam mir so vor, als bekäme ich gerade ein tolles Weihnachtsgeschenk, ohne dass ich Zeit gehabt hätte, es mir zu wünschen. Okay, schlechter Vergleich, ich weiß, aber was Besseres fällt mir spontan nicht ein.

Aber weiter im Text.

Sam ließ die Flasche kreisen. Ich kannte dieses Spiel. Ich wusste, dass er, wenn die Flasche liegen blieb, die Person küssen musste, die sozusagen »ausersehen« war. Und während ich mich noch fragte: *Was tue ich, wenn der Flaschenhals auf mich zeigt?*, kam die Flasche zum Stillstand und zeigte auf keine andere als:

CAPUCINE!

Sam musste nicht mal aufstehen, sondern beugte sich nur vor. Und dann küsste er sie. Und weißt du was, Tagebuch? Als sich ihre Lippen berührten, wurde mir eines klar:

Es war nicht zu übersehen, dass sie das … schon Millionen Mal gemacht hatten.

Ihr Kuss hatte so gar nichts von einem normalen ersten Kuss.

Alles war einfach zu präzise. Wie zwei Tänzer in einem klassischen Ballett gegen Ende ihrer Karriere, die einen Walzer mit geschlossenen Augen tanzen können. In der *Zungenkuss*-Variante.

Cappuccino genoss diesen Moment wie ein Kind, dem man sagt, was es da in den Händen halte, sei

Fakt ist: Als sich ihre Lippen endlich wieder voneinander lösten, war ich eifersüchtig. Leif wirkte ebenso pikiert wie ich.

Leif: »Sie lässt ihn nie mehr los.«
Ich: »Das sehe ich.«
Leif: »*Don't worry* ... Sie hat ihre Chance gehabt.«

bedeutet: »Mach dir keine Sorgen.« Ich kann nur eines sagen, Tagebuch: Ich musste mir nicht lange Sorgen machen oder irgendwen aus diesem Kreis küssen. Denn in diesem Moment kam eine Nachricht von Dad. Damit war die Party für mich zu Ende.

Dad 22:35 Uhr

> Aschenputtel, die Turmuhr schlägt Mitternacht. ;) Ich fahre los.

Fanny 22:37 Uhr

> Aschenputtel ist bereit zur Heimkehr. Du kannst kommen.

Dad 22:37 Uhr

> Ist was?

Fanny 22:37 Uhr

Nein, nein. Komm einfach.

Aschenputtel
An sie dachte ich, als ich die Party verließ.

Auch sie verließ den Ball ganz allein, obwohl sie sich große Hoffnungen gemacht hatte, weil der Prinz so oft mit ihr tanzen wollte. Pfff. Jeder weiß, dass dieser Prinz sie keines Blickes gewürdigt hätte, wenn er gewusst hätte, wer sie wirklich ist.

Ein ganz normales Mädchen.

Sklavin der Launen ihrer Familie.

Apropos: Aschenputtel ist berühmt geworden, weil sie auf der Palasttreppe ihren Schuh verloren hat, mein entscheidender Moment fand dagegen in einer Garderobe der Spielothek in Kyoto statt, als ich meinen Mantel suchte. Ja. Ja. In der winzigsten und chaotischsten aller Garderoben der Geschichte!

ERKLÄRUNG: Dort drin war es stockdunkel und obwohl ich mich normalerweise ganz gern in Garderoben verstecke, reizte mich die dort so gar nicht. Ich wollte nur weg von dieser dämlichen Party und schlafen gehen. Da hörte ich Sams Stimme.

»Gehst du schon?«
»Ja, ich hab noch Jetlag. Ich bin ...«

Dann ist es passiert. Ich kam nicht dazu, meinen Satz zu Ende zu führen, sondern fand mich plötzlich fast in der Horizontalen wieder, auf einem Berg von Wintermänteln, und sagte mir, dass diese Party vielleicht doch nicht so albern war.

In Sams Armen dachte ich nicht mehr an Cappuccino oder an Aschenputtel. Und auch nicht an Dad, der seit dreizehn Minuten im Auto auf mich wartete und sich bestimmt schon Sorgen machte. Aber da keine Gefahr bestand, dass er sich in einen Kürbis verwandelte, geriet ich nicht in Panik. Okay, im Klartext ...

Ohne die Mithilfe einer Flasche oder eines einzigen der tausend Lichter, die die acht Stockwerke erleuchteten,

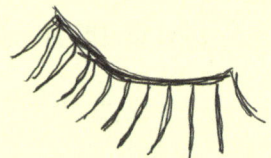

haben wir uns geküsst.

Vielleicht nicht wie
zwei Balletttänzer
gegen Ende ihrer Karriere,
aber immerhin mehr als gut.

Er: »Wir sehen uns in einer Woche in der Schule, richtig?«
Ich: »Ja, falls wir irgendwann aus diesen Mänteln rauskommen.«
Er: »Und falls dein Vater dich nicht am japanischen Lyzeum angemeldet hat.«
Ich: »He! Sag das nicht, wäre ihm zuzutrauen!«
Er: »Quatsch. Mach dir keine Sorgen. Gut ... tschüss dann!«
Ich: »Ja ... bye.«

Sinnloser Gag, aber trotzdem gut, nicht schlimm!

‚Lyzeum' bedeutet übrigens Gymnasium. Genau, ich muss mir unbedingt ein Wörterbuch mit französischen Ausdrücken zulegen. ;)

ICH WEISS.
LÄUFT ALLES IN EINEM AFFENZAHN HIER.

Hältst du das, was mir passiert ist, für normal, Tagebuch?

Ich meine: Es ist noch keine zwei Wochen her, dass ich wegen Henri tagelang heulend im Bett lag. Und gestern Abend ließ ich mich von Sam küssen, als wenn mein Herz ein Rennwagen wäre, der noch nie einen Unfall hatte. Tagebuch, sag mir, dass ich nicht etwa an Liebesamnesie leide!

— Ich denke, das muss es geben. Zwangsläufig. —

KANN MAN MIT EINER NEUEN LIEBE VON LIEBESKUMMER GEHEILT WERDEN?

Ein bisschen wie bei einer Spaghettisoße? Du weißt schon, wenn man zu viel Salz reingeschüttet hat, muss man eben mehr Tomatensaft dazugeben, zum Ausgleich.

Die Liebe ... kann man sie auch verdünnen?

Ich schreibe Quatsch, ich weiß.
Fanny xo

Perfektes Rezept
von Fanny Cloutier

Um über seinen ersten Liebeskummer hinwegzukommen

Zutaten:
Durchhaltevermögen
Zeit
Ablenkung!!!

Zubereitung:
1) Ein Umzug (idealerweise ans andere Ende der Welt).
2) Eine andere Person kennenlernen, möglichst exotisch und so perfekt wie möglich.
3) Jeden Kontakt mit der ersten Liebe beenden (auch im Kopf).
4) Sämtliche Erinnerungen in den Müll werfen (Achtung: Ihr verliert dabei auch ein Stück von euch selbst).

* Sollte eure erste Liebe zufällig auch euer bester Freund/beste Freundin gewesen sein, hast du echt Pech.

Immer noch Sonntag, gleicher Tag, ja.
21:46 Uhr

Kann dir noch nicht erzählen, was passiert ist. Nur eins: Leonie ist die größte Lügnerin der Welt, aber was sie über Worte geschrieben hat, trifft zu:

Wenn man etwas schreibt, klingt es noch trauriger.

Entschuldige, Tagebuch,
dass ich es noch nicht
schreiben kann!
In der Zwischenzeit kannst du
schon mal den Entwurf
des Briefs lesen,
den Leonie Henri
geben sollte!

Wenn ich gewusst hätte, was ich jetzt weiß, hätte ich Sam gestern Abend **NIE** geküsst. So. Leonie hat das mit Henri und mir zerstört. Ich werde **NIE MEHR** nach Sainte-Lorette zurückkehren.

Brief an Henri

Montag, 20. März

Hallo, Henri,

in zwei Stunden fliege ich nach Japan. Und da du meine Stimme nicht mehr hören willst, hoffe ich, dass du wenigstens meinen Brief liest.

BITTE lies ihn bis zum Schluss.
Danach werde ich dich um nichts mehr bitten, Ehrenwort.
(...)
Ich beginne zu glauben, dass deine Mutter recht hatte, als sie uns mit Romeo und Julia verglich. Unsere Geschichte war

kurz,
unmöglich,
aber schön.

Findest du nicht auch? Nein, anscheinend nicht mehr. Gut. Ich schreibe dir nur, Henri, weil ich gute Gründe habe zu glauben, dass es vielleicht deine Mutter war, die dir am 14. Februar all diese Nachrichten von meinem Handy aus geschickt hat. Ich schwöre und wiederhole: Ich wollte NIE, dass du aus meinem Leben verschwindest. Keine Sekunde habe ich mir das gewünscht. Ja, es stimmt, das mit uns ist nach Tommys Unfall superschnell passiert, aber weißt du was? Ich bekam nie Angst, weil ... na ja, weil DU es warst. Mit dir fühle ich mich wohl und kann ich selbst sein. Total. Ah, du fehlst mir so, so, so sehr.

Nicht aufhören zu lesen, BITTE. Lies weiter, ich komme gleich zum Ende. Als deine Mutter mich rausgeworfen hat, habe ich vergessen, meine Accounts auf eurem Hauscomputer abzumelden (Facebook, Skype, Hotmail UND mein Handy). Ich fühle mich echt mies, sie zu beschuldigen (nein, eigentlich nicht, shit! Ich fühle mich gar nicht mies), aber ich bin mir 110% sicher, dass SIE es war, die dir diese Nachrichten geschickt hat, um uns auseinanderzubringen.

Das wollte ich dir unbedingt sagen. Wenn es auch nur eine klitzekleine Chance gibt, dass du mir glaubst ... dann war es die Mühe wert. Du wirst mir fehlen, wenn ich in Japan bin.

Du fehlst mir schon jetzt.
Ganz schrecklich und die ganze Zeit.

Fanny xx

Donnerstag, 30. März

Adieu, Leonie

Ich brauchte vier Tage, um dir wieder schreiben zu können, aber mein Gehirn funktioniert inzwischen wieder mit relativ normaler Geschwindigkeit und ich kann nun versuchen, dir zu erzählen, was passiert ist, Tagebuch.

Womit anfangen? Mit der guten oder der schlechten Nachricht?

DIE GUTE: ICH WEISS ENDLICH, WER VON MEINEM HANDY AUS AN HENRI GESCHRIEBEN HAT.

DIE SCHLECHTE: LIES WEITER, DANN ERFÄHRST DU ALLES.

AUSTAUSCH VON NACHRICHTEN
25. März, 21:35 Uhr in Quebec
26. März 10:35 Uhr in Japan

Leonie
> Hi, hast du Zeit? Ich bin bereit, mit dir zu reden.

Fanny
> Endlich! Wieso hat es so lange gedauert?!!

Leonie
> Ich wusste nicht, wie ich es dir sagen soll.

Fanny
> Was ist denn los? Erzähl schon!

Leonie
> Ich habe etwas gemacht …

Leonie schrieb, löschte, schrieb, löschte und mir wurde immer mulmiger.

Leonie
> Ich krieg's nicht hin, es dir zu schreiben. Geht einfach nicht.

Wütend sprang ich auf. Ich klappte meinen Laptop auf und keine vier Sekunden später meldete sich Skype bei Leonie. Als Leonie ihren Laptop aufklappte und ich ihr Gesicht sah, begriff ich, dass es ein großes Problem gab. Ihr Gesicht war ganz rot und tränenüberströmt.

— Ich konnte ihr schlechtes Gewissen aus 10.000 km Entfernung riechen. —

»Du hast Henri den Brief nicht gegeben, richtig?«
»Stimmt.«
»Warum?«
»Darum.«
»Leo, red endlich! Egal, was passiert ist, ich werde eine Lösung finden. Im Lösen von Problemen bin ich inzwischen Profi.«
»Schwörst du es?«
»Was soll ich schwören?«
»Dass du mir nicht böse bist, wenn ich dir die Wahrheit sage? Und dass du mich ausreden lässt, bevor du ausrastest?«

Es ist kein gutes Zeichen, wenn jemand so etwas sagt, bevor er ein Geständnis ablegt.

Ich sagte Ja, aber ohne über die Konsequenzen nachzudenken.

Leonie setzte sich mit dem Laptop auf den Knien auf ihr Bett. Ich wartete darauf, dass sie endlich anfing. Und als sie sehr tief und lange Luft holte, schwante mir, dass ich gleich etwas Schlimmes hören würde. Ihre Stimme bebte richtig.

»Es war nicht Lorette, die Henri geschrieben hat, dass er dich nie mehr anrufen soll.«
»Hey, du hast meinen Brief an Henri gelesen?!«
»Du hast versprochen, mich ausreden zu lassen.«
»...«
»Das war ich.«
»Was?!«
»Ich habe am Abend des Valentinstages dein Handy benutzt.«
»...«
»Und hinterher ... habe ich die Nachrichten wieder gelöscht.«
»...«

Es folgte ein langes, laaaaaaaaaanges Schweigen.

»Ich bin noch nicht fertig.«
»...«
»Und ich war es auch, die Lorette erzählt hat, dass Henri und du euch am Abend von Tommys Unfall geküsst habt. André ... hat nichts gesagt.«
»Sag mal, bist du komplett durchgeknallt?«

Mehr brachte ich nicht über die Lippen. Die Wucht dieses Geständnisses, das gerade wie ein Tsunami über mich hinwegrollte – und über die Trümmer unserer Freundschaft –, hatte mich total erschüttert. Alles in meinem Gesicht schrie: **ICH HASSE DICH!**

»Warum? Warum hast du das getan? Sag schon!«

Ein großes Vakuum tat sich auf, bevor sie den Mut aufbrachte, etwas zu sagen.

Jedes Mal, wenn ein Wort gerade über ihre Lippen schlüpfen wollte, blieb es irgendwie zwischen ihr, mir und dem riesigen Pazifischen Ozean stecken.

»Ich wollte das auch haben.«
»Was wolltest du auch haben?«
»Einen festen Freund. Jemanden, der mich hübsch findet. Und besonders. Aber ... das wird nie passieren, weil mich nie einer anschaut.«
»Aber nur, weil du blöd bist! Ist dir klar, was du gemacht hast?!«
»Und ihr? Henri und du habt mich fallen lassen! Hast du das nicht gemerkt? Im Januar hast du mich maximal vier Mal angerufen! Mehr nicht! Und wenn, dann nur, um über **IHN** zu reden!«
»Trotzdem hattest du kein Recht dazu. Absolut gar keins!«
»Ich wollte doch nur, dass alles wieder wie früher wird.«
»...«
»Und ich wusste nicht, dass du ihn so sehr liebst. Und damals wusste ich auch nicht, dass du nach Japan gehst. Und bevor du drei Tage lang heulend im Bett lagst! Ich schwör's, Fanny, du musst mir glauben. Das war, bevor du mir gesagt hast, dass du wegziehen würdest.«

LEONIE ·WAR AM BODEN ZERSTÖRT,·

aber ihr Schluchzen machte mich nur NOCH wütender.

»Verdammt, Leonie, das ist doch kein Grund! Und wieso rückst du jetzt damit heraus?! Was soll es jetzt noch ändern?! Ich bin am anderen Ende der Welt! Es ist längst zu spät!«
»Genau, ich ... Ich habe versucht, mit Henri zu reden, aber ...«
»Aber was? Was hat er gesagt? Ach, spuck's aus!«
»Er ...«
»Bitte, sag's endlich!«
»Er glaubt mir nicht. Er denkt, ich lüge ihn an, um dich zu schützen.«
»Du kotzt mich an, Leonie Gingras.«
»Bitte, sag das nicht!«
»Ich bin fertig mit dir! Und mit ihm auch, mit euch allen.«
»Bitte, nicht auflegen, Fanny. Ich will dich nicht verlieren.«

Ohne mit der Wimper zu zucken, starrte ich Leonie nur an, bevor ich meinen Laptop zuklappte. Dann stellte ich mir eine Minute lang vor, wie sie allein in ihrem Zimmer saß, ganz nah an meinem leeren früheren Bett, stumm mit ihrem rabenschwarzen Gewissen. Und ich begriff, ohne es zu wollen, dass Leonie mir soeben eine wichtige Lektion fürs Leben erteilt hatte:

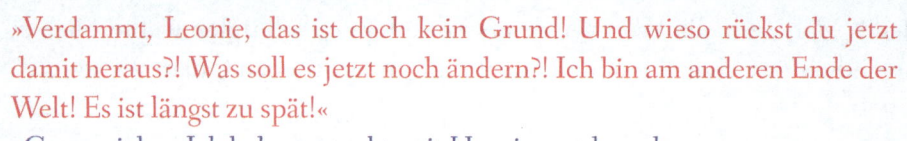

Die Wahrheit versteckt sich nie weit weg von der Lüge.

Und die Wahrheit, die ich in meinen Fingerspitzen spüre seit dem Moment, als ich das Bild meiner besten Freundin auf dem Bildschirm wegklappte, lautet: Du hast mich bereits verloren.

ICH KANN ES EINFACH NICHT FASSEN, DASS SIE MIR DAS ANGETAN HAT.

APRIL

Sonntag, 2. April

Zu viele Vertraulichkeiten,
aber immer noch nicht genügend.

Also vor genau einer Woche.

Vergangenen Sonntag, gleich nach ihrer großen Beichte und obwohl mein wortloses Zuklappen des Laptops eine klare Botschaft gewesen war, rief mich meine frühere beste (und einzige) Freundin mindestens 75 Millionen Mal an. Zu guter Letzt versuchte Leonie es dreisterweise sogar bei Dad – dem ich daraufhin das leichtsinnigste Versprechen des Jahrhunderts machte:

„Dad, ich erzähle dir alles, wenn du mir versprichst, dass du nicht drangehst. Ich will nicht mit ihr sprechen und ich will noch weniger, dass du es tust."

Und dann, paff!, ohne auch nur eine Sekunde nachzudenken, habe ich Dad alles erzählt. Ich staunte nicht schlecht, als er mir schweigend zuhörte und mich kein einziges Mal unterbrach. Ich hatte meinen Dad selten so hilflos erlebt. Er stolperte über jede Silbe, als er anschließend sagte:

»Bist du dir sicher, ich meine, ganz sicher, dass es kein Missverständnis ist, Fanny? Leonie kann gar nicht alles gemacht haben, was sie …«
»Doch, Dad.«
»Ach je, was soll ich dazu sagen, mein armer Schatz?«
»Sag nichts.«
»Wir canceln den Besuch bei Yokos Mutter. Besser, wir verschieben ihn um ein paar Tage.«

»Im Ernst?«
»Hör mal, Fanny! Denkst du etwa, ich könne mich nicht in dich einfühlen?«
»Na ja, ist normalerweise nicht deine Spezialität.«
»Du hast eine Riesenenttäuschung erlebt. Wir nehmen uns alle Zeit, die du brauchst, um es gemeinsam zu verarbeiten.«

Ich gebe zu, dass ich spontan erleichtert war. Es kommt nur selten vor, dass Dad voll und ganz auf meiner Seite ist. Dass ich ihm zu viel erzählt hatte, wurde mir klar, als er unser Gespräch wiederaufnahm, das ich – irrtümlich – für abgeschlossen gehalten hatte. Während die Ravioli auf dem Herd warm wurden und ich die Zutaten auf der Konservenbüchse studierte, setzte er sich neben mich.

Wie viele Menschen, die in den Siebzigerjahren geboren sind, denkt Dad, dass fettes, salziges Essen gegen Frust hilft.

Unbehagen

»Du, hör mal, Schnuckelchen ...«
»Was?«
»Dieser Sam, den du geküsst hast ...«

WACHSENDES UNBEHAGEN

»Dad, weißt du, wie viele Dosen Ravioli pro Woche auf der Welt verkauft werden?«
»Lenk nicht ab, Fanny. War es *der* Sam?«
»Sieben Millionen!«
»Oh, das bestätigt meinen Verdacht. Du hast den Sohn meines Kollegen geküsst.«
»Pro Woche! Weltweit! Das sind ganz schön viele Ravioli!«

»Okay, keine Panik. Es war nur *ein* Mal, das ist kein Weltuntergang und kommt vielleicht nie mehr vor. Oder, Fanny? Hast du die Absicht ... es zu wiederholen?«

»Mann, Dad! Hätte ich es dir nur nicht erzählt! Manchmal bin ich echt dumm!«

»Nein, nein, es war gut, dass du es mir gesagt hast, wirklich, Süße. Aber du musst begreifen, was es für mich bedeuten würde, wenn Dimitri die Unterstützung für meine Forschungen einstellt. Das wäre ... das Ende meines Projekts hier. Meiner Karriere. Das habe ich gemeint. Mehr nicht.«

»Dad, ich will nichts mehr von Sam wissen. Außerdem ist er nicht der Typ, der sich sehr lange für ein Mädchen wie mich interessiert.«

»Was redest du da?«

»Ich bin nicht sehr groß, habe braune Haare und wiege, wenn ich nass bin, 45 Kilo. Außerdem habe ich so wenig Busen, dass ich nicht mal 'nen BH brauche.«

Ich weiß.
Das mit meinem Dad war
ein echtes Mädchengespräch.

»Du bist das genaue Abbild deiner Mutter. Und sie war die Schönste weit und breit. Wenn Sam das nicht sieht, ist er dumm.«

»Dad, das mit Sam war nichts Ernstes. Und die Chance, dass Henri mir verzeiht, ist genauso minimal wie die Möglichkeit, den Klimawandel umzukehren. Okay? **ALSO KOMM WIEDER RUNTER!**«

Mein Vater wirkte allerdings nur halb beruhigt. Dabei war es mein voller Ernst. Das mit Sam hatte nichts zu bedeuten und war schon zu

E
N
D
E

(glaube ich zumindest)!

// PS: //

Ab sofort rede ich nie mehr über Leonie oder Henri. Ich weiß nicht, ob es klappt, aber ich versuche, sie zu vergessen, ja. Wenigstens für ein paar Tage.

b) Morgen fängt die Schule an.
Ich spüre, dass du von mir hören wirst.

BALD

EINSCHUB: FASHION-KATASTROPHE

HEUTE ABEND wollte ich eigentlich nicht mehr schreiben, aber Dad kam gerade mit einem zusammengerollten Klamottenbündel in mein Zimmer – typisch für ihn, diese bösen Überraschungen. Mir schwante nichts Gutes, aber nach einem dieser unbeholfenen Sätze, die seine absolute Spezialität geworden sind, begriff ich, dass ich an der neuen Schule eine Uniform tragen muss!

EINE UNIFORM!!!
IGITT – WÜRG – MIST

Außerdem hat er – stell dir mal vor – die grandiose Idee gehabt, die Klamotten eine Nummer größer zu kaufen, weil, ich zitiere:

»Besser zu groß als zu klein, Zuckerschnute.«

Idiot!

Der Rock geht mir bis über die Knie und mit den grauen Strümpfen sehe ich wie eine Astronautin aus. Mein Busen verschwindet noch mehr als sonst unter der viel zu weiten weißen Bluse, die der Blödmann von Dad absolut lieblos ausgesucht hat.

(knurrr)

IN SOLCHEN (JA, GENAU SOLCHEN) MOMENTEN SAGE ICH MIR IMMER, DASS ICH MIT EINER MUTTER MINDESTENS 50 % WENIGER PROBLEME HÄTTE.

Mein Vater kapiert NICHTS von Mode.
NICHTS von Mädchen.
NICHTS, aber auch gar nichts von meinem Leben.

Montag, 3. April
20:33 Uhr

Von der Hoffnung
in meinem Hacksteak mit Pizzasoße

Nachdem es mir nicht gelungen war, den unidentifizierbaren Inhalt auf meinem Teller zu schlucken, konnte ich es mir heute Mittag nicht verkneifen, den Speiseplan von der Wand der Cafeteria zu klauen. Es war eine schleimige grünliche Pampe, die eventuell nicht mal essbar war. Ab morgen bringe ich mein Essen von zu Hause mit. »Hacksteak mit Pizzasoße« oder gar frittierte Speckwürfel in Käsemantel – nein, danke. Würg!

O nein.

— SPEISEPLAN APRIL //449 Yen // Hauptmahlzeit —

Wer ihn wohl geschrieben hat?
Garantiert jemand,
der so gut französisch spricht
wie ich Japanisch. :)

Aber beginnen wir ganz am Anfang. Dad legte gesteigerten Wert darauf, mich mit seiner Neuerwerbung zur Schule zu fahren:

Dad musste sich mit beiden Händen an sein *Vintage*-Lenkrad klammern, um nicht über die Sache zwischen Sam und mir zu reden. Ich sah ihm an, dass er den Mond und sämtliche Sterne dafür gegeben hätte, wenn ich ihn beruhigt hätte. Und beim Aussteigen vor meiner neuen Schule gesagt hätte:

„Versprochen, Dad, ich werde nichts mehr tun, was deine Erfinderkarriere gefährden könnte. Und die amourösen Zwischenfälle in meinem neuen Leben in Japan werden so fad und trist sein wie das Blau deines neuen Käfers, okay?"

Doch statt zu sagen, was er gern gehört hätte, plapperte ich über ganz andere Dinge, bis sein kleiner Flitzer vor meiner neuen Schule anhielt:

»Dad, ich glaube, ich weiß, warum du dein neues Auto so liebst.«
»Aha, und warum, Zuckerschnute?«
»Weil es so einen Krach macht wie ein vierhundert Jahre altes Boot.«
»Was redest du da? Unser Auto ist perfekt. Mach mal das Handschuhfach auf.«
»Hä?«
»Los, mach auf, dann siehst du schon!«
»...«

– EIN BONBONAUTOMAT –

Dad hatte das Handschuhfach umgebaut ... zu einem Bonbonautomaten! Als Achtjährige hätte ich gerufen: »Wow, Dad! Eine supertolle Erfindung!« Aber nun, mit fünfzehn, dachte ich nur: *Aha! Mit so was verbringst du deine Tage, während ICH auf einer Schulbank leiden muss?*

»Du sagst gar nichts, Schatz?«
»Ähm, nun ... Das ist ja ... originell? Es könnte uns das Leben retten, falls wir in der Wüste mal 'ne Panne haben. Alles klar, ich gehe dann mal los.«
»Was ich dir noch sagen wollte: Im Gefrierschrank steht eine Lasagne für dich – für den Fall, dass ich heute Abend etwas später heimkomme als du.«
»Schon wieder? Du bist doch gestern schon zu spät gekommen!«

»Ich weiß. Ich werde versuchen, früher zu kommen, aber Dimitri setzt mich ziemlich unter Druck wegen ...«
»Dimitri hier, Dimitri da. Manchmal denke ich, du solltest nicht mit Yoko zusammen sein, sondern mit ihm!«

Ich öffnete die Autotür und stieg grußlos aus.

»Hab dich lieb, meine Schöne.«
»Ich dich auch. Bleibt mir ja nichts anderes übrig. Ich habe nur noch dich. Nicht mal mehr Albert.«
»Fanny, sag das nicht. Und Albert geht es gut, okay?«
»Hast du mit Lorette telefoniert? Ah, ich will's gar nicht wissen. Ich will von denen nichts mehr wissen.«
»Wie du willst.«
»...«
»Viel Spaß, Spatz. Ruf mich auf dem Handy an, falls was ist.«

Viel Spaß! Pfff.

Daran merkt man, dass Dad seine Jugend längst hinter sich hat. Ich brauche keinen »Spaß«, um den ersten Tag an einer neuen Schule zu überleben, sondern ich bräuchte ein

(Oder zumindest eine Schuluniform in **MEINER** Größe.)

Um nichts dem Zufall zu überlassen, hatte ich beschlossen, eine Stunde vor Beginn der ersten Stunde anzukommen. In der Hoffnung, dass mir diese sechzig Minuten einen angemessenen Vorsprung vor meinen neuen Mitschülern verschafften – ein bisschen, wie wenn eine Katze ihr Revier markiert, verstehst du? Egal, ich zumindest verstehe mich.

Aber offenbar war ich nicht die Einzige mit dieser Idee. Das begriff ich, sobald ich die Eingangshalle betrat. Eine große Rothaarige, anscheinend recht ungeschickt, stand auf einer Leiter und versuchte, ein Spruchband an der Decke aufzuhängen.

Willkommen im französischen Lyzeum von Kyoto

Ein echt snobistischer Name für eine Schule, oder?

»Hey, du, kannst du mir vielleicht helfen?«

O NEIN, NICHT SIE!

Miss Fotomodell persönlich, alias Capucine, war keine drei Meter von mir weg. Ich konnte nicht glauben, dass ich in der ersten Sekunde der ersten Minute meines ersten Schultags ausgerechnet auf **SIE** stieß.

Ich dachte mir sogar:
Fanny Cloutier, du hast in einem früheren Leben
garantiert etwas Schreckliches verbrochen:
So viel Pech kann normalerweise kein Mensch haben.

Ihr Anblick hat mich eiskalt erwischt, aber ich hatte nicht die Absicht, ein zweites Mal von dieser Tussi eine reingewürgt zu kriegen. Deshalb ließ ich sie mit ihren ungelenken Verrenkungen stehen und dachte mir: Hey, falls Madame glaubt, sie könne mich hier rumkommandieren, dann hat sie sich geschnitten!

Da hörte ich sie hinter mir rufen:
»Hi, du! Danke, Neue! Echt nett von dir!«

War mir egal. Ich konzentrierte mich auf meinen viel zu schweren Rucksack voller neuer Bücher und machte mich auf die Suche nach Raum 09-A. Als ich mein neues Klassenzimmer betrat, merkte ich, dass etwas nicht stimmte.

Es war ebenso kurios wie unerklärlich.

Ich schwöre, Tagebuch: Capucine lümmelte – halb verschlafen – am letzten Pult ganz hinten. Unmöglich, sagte ich mir. Vor **wenigen Sekunden** turnte sie noch auf einer Leiter herum und sah aus wie jemand, der sich sechs Espressi reingeschüttet hatte, bevor er in seinen Tag startete.

»Guten Tag, Mademoiselle.«

*Meine Lehrerin.
Eine Frau, deren perfektes Outfit
absolut zu ihren perfekten Gesichtszügen passte.*

»Guten Tag.«
»Du bist ...?«
»Ähm, Fanny. Fanny Cloutier.«
»Cloutier. Ist das belgisch?«
»Nein, ich komme aus Montreal.«
»Ah! Ihr scheint sehr pünktlich zu sein in Quebec!

Such dir einen Platz aus! Aber seid bitte superleise, Mädchen, ich muss noch tausend Kleinigkeiten erledigen, bevor auch die anderen eintreffen.«

> **NULL GEFAHR, DASS ICH MIT DER DORT REDE.**

»Ja, danke.«
»Und zieh deinen Rock ein Stück runter. Er ist kürzer, als die Schulordnung erlaubt.«
»Oh, ähm ... gut. Okay.«

Ich setzte mich in die andere hintere Ecke und wickelte den Bund meines viel zu großen Rocks einmal zurück, damit er ein bisschen (nicht zu viel) länger wurde. Ohne sich die Mühe zu machen, den Kopf von ihrem Pult zu heben, flüsterte Capucine in meine Richtung:

»Du weißt schon, dass es ihn auch in deiner Größe gibt?«
»...«
»Den Rock. Es gibt ihn auch in deiner Größe.«
»Nerv mich nicht!«
»Oh, du hast deinen Quebec-Akzent abgelegt, wie ich höre.«
»...«
»He, du! Hast du deine Zunge verschluckt?«

Ich hätte gern gefaucht: »Was willst du? Vor **EINER** Minute warst du noch in der Eingangshalle! Klar hat es mir die Sprache verschlagen!«, aber ich beherrschte mich eisern und starrte die nächste Stunde nur auf die große Uhr, während Capucine ein Modemagazin durchblätterte. Als es endlich läutete und ein Schwall von Schülern hereinstürmte, wurde mir klar, dass ich keine Halluzination gehabt hatte. Und vor allem, dass mir ein

DICKER,

FETTER FAUXPAS UNTERLAUFEN WAR.

LINKS → RECHTS
RECHTS → LINKS

LINKS
RECHTS

zwillingezwillingzwillingzwillingezwillingz

Ich drehte den Kopf mindestens zehnmal hin und her, bevor bei mir der Groschen fiel: das gleiche Gesicht, gleiche Größe, gleiche ätherische Schönheit, viel zu perfekt, um wahr zu sein.

Das Mädchen, das soeben den Raum betreten hatte, war Capucines Ebenbild.

Ihre Zwillingsschwester. Hundertprozentig. Oh!

MIST!

Verdammt, Fanny Cloutier, neuerdings tappst du wirklich in jedes Fettnäpfchen! Aber mir fehlten die Worte, um mich innerlich zu beschimpfen, denn mein Überlebensinstinkt befahl mir, augenblicklich eine Strategie zu entwickeln, um mich bei diesem Mädchen zu entschuldigen.

Capucine Nr. 2 kam auf mich zu – natürlich ohne mich eines Blickes zu würdigen – und setzte sich auf den Platz direkt vor mir. Während ich noch verstohlen ihre rote Lockenmähne begutachtete (und in meiner Verzweiflung angesichts meiner Ungeschicklichkeit badete), betraten Sam und Leif den Raum.

Sam sah mich und setzte sich **DIREKT** neben mich.
Ich dachte: Wow, er sieht sogar in einer grauen Uniform *cute* aus!

»Hi, Fanny!«
»Hallo. Hey, das ist ja cool!«
»Was?«
»Na, dass wir in derselben Klasse sind, Leif, du und ich!«
»Ja, ist cool, aber eigentlich normal. Es gibt hier nur eine achte Klasse.«
»Echt? Mehr nicht?«
»Nee!«

Dann, als wolle er mir ein Geheimnis anvertrauen, beugte er sich zu mir rüber.

OMG.
Hoffentlich sagt er nichts zu der Party.
Bitte ... bitte.

»Du, Fanny?«
»Ja, was ist?«
»Du bist mir doch nicht ... böse, oder?«
»Böse? Warum sollte ich dir böse sein?«
»Na ja, weil ich nach dem Abend nicht angerufen habe. Ich wusste nicht, wie ich ...«

OMG.
Er spricht doch von der Party.

»Ach was, ganz bestimmt nicht. Ich hatte eine echt stressige Woche. Würde aber zu lange dauern, es zu erklären, deshalb nur: Ich hatte gar keine Zeit, an etwas anderes zu denken.«
»Ah ... okay ...«

Wow.
Du machst einen auf
„Miss Unabhängig", Fanny.

Ich kam nicht mehr dazu, etwas Nettes hinzuzufügen, weil Capucine 2 sich zu uns umdrehte – klar, dass sie sich fragte, was Sam und ich seit drei Minuten miteinander zu tuscheln hatten, während ich mir nur dachte:

O nein.
Sag mir, dass die beiden
nicht befreundet sind.

»Françoise, Fanny. Fanny, Françoise.«

Also doch.
Sam und sie sind befreundet, Mist.
Viel Glück in deinem neuen Leben, Fanny.

»H...hallo.«
»...«
»Françoise, wie die Sängerin. Françoise Hardy. Kennst du die?«

Null Punkte
für diesen Versuch, schlagfertig zu sein.

Françoise nickte nur. Sam flüsterte nun noch leiser.

»Keine Angst, Françoise ist supernett. Sie ist nur nervös, weil ihre Mutter da vorn steht.«
»Moment mal, soll das heißen, dass unsere Lehrerin die Mutter von Capucine und Françoise ist?«

»Ja. Normalerweise unterrichtet sie in der Oberstufe, aber dieses Jahr wurde ihr die Achte aufs Auge gedrückt. Und Françoise befürchtet, dass ihre Mutter sie auf dem Kieker haben könnte.«
»Kann ich mir vorstellen. Krass, die Arme, ich wollte meinen Vater auch nicht als Lehrer haben.«
»Jep. Die armen Mädchen.«

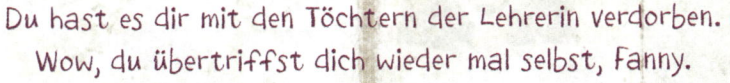

Du hast es dir mit den Töchtern der Lehrerin verdorben.
Wow, du übertriffst dich wieder mal selbst, Fanny.

Zum Glück läutete es da, alle Schüler setzten sich und ich konnte mich auf etwas anderes konzentrieren als auf meinen gesellschaftlichen Stand an der neuen Schule. Uff!

Madame Clara – *so will unsere Lehrerin von uns genannt werden* – hat mindestens eine Stunde lang erklärt, dass sie uns in allen Fächern unterrichten würde außer Sport, Englisch und Japanisch. Ja, richtig gelesen … Japanisch.

4 STUNDEN PRO WOCHE
Ich hab's übrigens überprüft: keine Fluchtmöglichkeit.

Verdammt.
Ich bin eine absolute Null in Mathe.
Ab jetzt in Mathe UND Japanisch.

Eines aber habe ich sofort begriffen: Madame Clara ist mindestens tausend Mal netter als ihre dämliche kleine Capucine. Ja, sie ist definitiv der Typ:

... aber sie ist wirklich nett.

> PS:
> Ich habe den ganzen Tag über versucht, mit Françoise zu reden, um ihr zu erklären, dass ich nicht so verrückt und fies bin, wie ich heute Morgen rübergekommen bin, aber sie war die ganze Zeit beschäftigt! Sie leitet eine Art Empfangskomitee für die neuen Schüler und war die ganze Mittagspause über damit beschäftigt, zu allen nett zu sein.

Eine richtige Mutter Teresa und ich habe sie heute Morgen abblitzen lassen.

Das muss ich morgen unbedingt klären ... Meinst du nicht?

Tschüss, Tagebuch. Ich bin übrigens sehr froh, dass ich dich habe. Ich weiß, dass ich manchmal so tue, als sei ich stark, aber in Wahrheit bin ich es gar nicht so sehr.

Mir fallen die Augen zu.
Mein Jetlag muss ganz schön heftig sein.

fanny x

Dienstag, 4. April
18:20 Uhr

Eine Überdosis
Sushis

Hallo, Tagebuch.
Meinst du, das geht, eine Überdosis Sushis? Ich schreibe es, weil Dad schon wieder angerufen hat, um mir zu sagen, dass er heute nicht zum Abendessen kommt. Es ist das siebte Mal in vierzehn Tagen, dass ich das Gleiche esse (um mich vergebens über seine Abwesenheit hinwegzutrösten):

SUSHIS.

Früher fand ich diese Häppchen tröstlich.

– WAS HAT DAD NUR FÜR EIN PROBLEM? –

Ich meine, warum wollte er mich unbedingt hier bei sich haben, wenn er nur seine Arbeit im Kopf hat?

 Entweder er tritt etwas kürzer und nimmt sich die Zeit, ein annähernd normales Familienleben zu führen,

 oder er sucht mir einen echt geduldigen Kochlehrer, der mir beibringt, wie man hier überlebt, ohne zu verhungern.

Es wäre übrigens eine supergute Idee, wenn Dad nach Hause käme. Vor allem, weil ich es nicht verdient habe, Abend für Abend in diesem deprimierenden Miniapartment rumzusitzen, aber auch, weil ich ihm etwas extrem *Wichtiges* erzählen muss.

Etwas, was ihn nicht direkt glücklich machen wird.

SAM,

LEIF,

FRANÇOISE

UND ICH

werden für die nächsten sechs Wochen in sein sicher nicht glamouröses *Erfinderleben* eindringen.

ERKLÄRUNG

Madame Clara hat heute angekündigt, dass unsere Note in Sozialkunde auf einem Projekt basiert, das wir in Viererguppen durchführen und in sechs Wochen vor **ALLEN** Schülern des Lyzeums präsentieren müssen.

Die Idee zu diesem Projekt fiel ihr an dem Tag ein, erklärte sie weiter, als ihr bewusst wurde, dass wir, die Schülerinnen und Schüler dieses Lyzeums, alle eine Gemeinsamkeit haben: Wir sind von unseren Eltern entwurzelt worden. Obwohl ich anfangs nicht so recht wusste, worauf sie hinauswollte, war ich weitgehend ihrer Meinung.

»Dass ihr in dieser Klasse seid, liegt vermutlich daran, dass eure Eltern aus beruflichen Gründen hierhergezogen sind, richtig? Vielleicht seid ihr sogar innerhalb eines Jahres mehrfach umgezogen und musstet euch neue Freunde suchen, wieder bei null beginnen, ohne zu wissen, ob ihr bleiben werdet. Stimmt's?«

Ich war anscheinend nicht als Einzige in dieser Situation: Um mich herum sah ich alle nicken. Madame Clara setzte sich im Schneidersitz auf ihr Pult und ich dachte: Sie ist definitiv ein Hippiegirl.

»Und jetzt möchte ich, dass sich bitte alle Neuen erheben!«

Ich hasse so was!

Aber als ich sah, dass mindestens die Hälfte der anderen Schüler aufstand, fand ich den Mut, es auch zu tun. Und da wurde mir klar: Wenn es hier Außenseiter gibt, dann sind es Schüler wie Sam, Françoise und Capucine. Also die, die schon länger hier sind. Die anderen haben alle etwas gemeinsam ...

Folglich bin ich ausnahmsweise mal
NORMAL!

»Doch das bedeutet nicht, dass ihr euch nicht wohlfühlen oder sogar glücklich sein könnt mit eurem Leben. Und zwar, weil ...«

An diesem Punkt fiel Capucine, die auf ihrem Stuhl lümmelte, ihrer Mutter so richtig arrogant ins Wort: ⟵ *Mal ehrlich, man könnte glauben, sie sei ständig müde wie eine uralte Oma!!!*

»Weil es *unser* Leben ist. Und es ist *schön*, unser Leben, und einmaaaalig.«
»Danke, Capucine. Ein Lob für deinen Sarkasmus. Ich sehe, dass du dir merkst, was man dir beibringt.«

Capucines Bemerkung brachte unsere Lehrerin keine Sekunde aus der Fassung.

»Wo war ich? Ach ja, also: Ihr bildet Vierergruppen, entscheidet euch für einen Vater oder eine Mutter von jemandem aus eurem Team und beschreibt dessen oder deren Beruf. Überlegt euch gut, mit wem ihr euch zusammentut, denn ihr werdet für die nächsten sechs Wochen jeden Freitagnachmittag gemeinsam verbringen.«

Leif meldete sich.

»Heißt das, dass wir freitagnachmittags dann freihaben?«
»Freihaben? Nein! Ihr macht ein Praktikum und werdet eurem Studienobjekt auf Schritt und Tritt folgen. Wie Detektive, um herauszufinden, was es an

seiner Tätigkeit begeistert. Und ihr müsst über die Bedeutung dieses Begriffs nachdenken ...«

Madame Clara stand auf und schrieb mit Riesenlettern an die Tafel:

»Mit diesem Projekt, das ich **WURZELN** nenne, möchte ich euch anregen, über das Glück nachzudenken, den Grund, warum ihr hier seid, in dieser Klasse, diesem Land und diesem ... Leben!«

Im ersten Moment fand ich, dass Madame Clara es doch etwas übertrieb mit ihrer ehrgeizigen Vorstellung von Glück. Sehr ansteckend fand ich das nicht. Aber da mussten wir Viererteams bilden, bestehend aus neuen und alten Schülern, und es ergab sich, dass (hurra!) Leif, Françoise, Sam und ich zusammenfanden.

»Wir sollten deinen Vater nehmen, Fanny.«
»Hä? Meinen Dad? Du weißt nicht, worauf du dich da einlassen würdest, Sam.«
»Kann sein, aber meine Mutter können wir nicht nehmen, sie ist unsere Lehrerin. Und auf Sams Vater habe ich so gar keine Lust.«

»Wieso? Ist er so langweilig?«

Françoises
Gesichtsausdruck
sprach Bände.

»Und wie wär's mit deinem Vater oder deiner Mutter, Leif?«
»Meine Mutter ist Diplomatin, mein Dad zu Hause. Es wäre *boring*, denn alles, was sie macht, ist *top secret*.«
»Okay, aber mein Vater repariert kaputte Nähmaschinen. Meint ihr nicht, dass ihr es bereuen würdet?«
»Das hat dein Vater früher mal gemacht. Heute versucht er, das Leben der Menschheit zu verändern.«
»Das Leben der ...?«
»Ja, der Menschheit. Fannys Vater forscht daran, wie man den Alterungsprozess stoppen kann, Krankheiten wie Krebs, Alzheimer und was weiß ich.«
»Wow, klingt cool.«
»Okay, wir nehmen ihn, abgemacht.«
»Okay ... Aber sagt nicht, ich hätte euch nicht gewarnt.«

Wir vier waren uns so schnell einig, dass wir den Rest der Stunde Zeit hatten, uns gegenseitig unser Leben zu erzählen.

// PS: //
Françoise hat den Vorfall
von gestern Morgen nicht mehr erwähnt.
Uff, bin ich froh!

Allerdings verstehe ich nicht, was zwischen Sam und mir ist (beziehungsweise nicht mehr ist). Dabei haben wir uns auf der Party doch geküsst, oder?

Bis später, Tagebuch,
ich schreibe dir wieder, sobald es etwas Neues gibt.
F. x

Donnerstag, 6. April
7:40 Uhr

Ein Kaffee
für die Menschheit
(Um 6:58 Uhr saßen Dad und ich schon vor unseren Müslischalen.)

»Schatz, ich weiß nicht, was ich sagen soll. Aber ich denke, dass es nicht geht. Mir ständig über die Schulter schauen ... Und das jeden Freitagnachmittag, sagst du?«
»Jep.«
»Sechs Wochen lang?«
»Jep.«

Endlos langer Schluck Kaffee: Dads Taktik, um möglichst lange nachdenken zu können.

»Dimitri wird nicht einverstanden sein, würde mich wundern. Ich muss ihn zuerst fragen ...«
»Ist schon erledigt, Dad. Sam hat seinen Vater gefragt. Ist ihm egal.«

»Ende des Monats muss ich meinen Forschungsbericht abgeben, Fanny. Ich kann mir keine Verzögerung leisten, es ist jetzt schon die Hölle.«

Dad schaute mir zu, wie ich meinen Mundvoll Müsli schluckte. Er wusste ganz genau, dass ich nicht nachgeben würde.

»Dad, diesmal gewinnst du nicht. Du bist das Studienobjekt meines Teams und wir werden unsere Freitagnachmittage gemeinsam verbringen. Ich will **ALLES** über dein Leben wissen.«
»Verstehe. Ich habe dich nicht oft so entschlossen erlebt.«

ICH GRINSTE meinen VATER AN.

Um ihm zu signalisieren, dass meine Motivation jedem seiner Argumente standhalten würde.

»Du sagst mir doch dauernd, ich solle alles positiv sehen, Dad! Wenn ich verstehe, was du machst, weiß ich vielleicht, ob es sich lohnt oder nicht!«
»Was, bitte schön?«

»Na, Japan!«

Dad starrte mich drei lange Sekunden an – ich sah ihm an, dass er stolz darauf war, wie entschlossen ich sein konnte.

»Okay. Das ist Erpressung, aber okay. Aber falls ihr mich vom Arbeiten abhaltet, setze ich euch alle vier vor die Tür, Fanny.«
»Okay.«

Ich sprang auf (voller Stolz, dass ich gewonnen hatte – zu kämpfen lohnt sich offenbar doch) und riss eine Ecke des Tischtuchs mit. Mit dem Ergebnis, dass Dads Tag nicht nur mit einer schlechten Nachricht begann, sondern auch mit einer Ladung heißem Kaffee auf seinem Lieblingshemd.

»Ups. Tut mir leid!«

Oh. Wahrlich nicht erfreut.

»Fanny! Komm sofort zurück!«
»Ich muss los, sonst komme ich zu spät! Das mögen die Japaner nicht!«
»Du gehst in eine **FRANZÖSISCHE** Schule, Fanny!«
»Hab dich lieb!«

Hey, wenn Dad fähig ist,
die Menschheit zu retten,
kann er sicher auch sein Hemd waschen,
oder?

F. x

Donnerstag, 6. April
20:45 Uhr *(Fortsetzung)*

Theorie
zum Zungenkuss

Mein Leben war in den letzten Monaten so chaotisch und unvorhersehbar, dass ich allmählich glaube, dass es hier fast zu gut für mich läuft und statistisch ein 104%iges Risiko besteht, dass es demnächst kippt.

Beweis dafür, dass es zu gut läuft:

KLEINE BESTANDSAUFNAHME

1) Nach nur vier Schultagen habe ich bereits drei Freunde. DREI!
2) Der hübscheste Junge der Schule hat mich geküsst (tut aber so, als sei es nie passiert — komisch, ich weiß).

MEINE THEORIE DAZU:

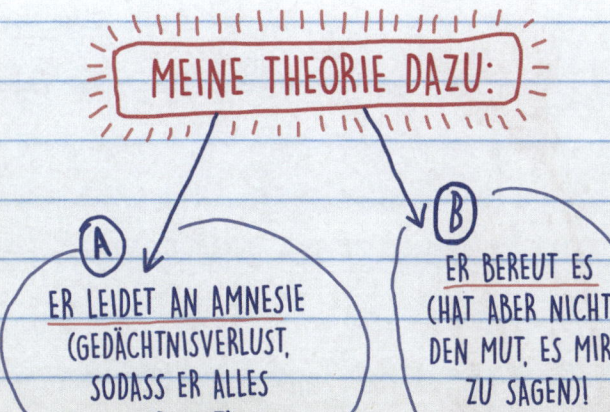

A) ER LEIDET AN AMNESIE (GEDÄCHTNISVERLUST, SODASS ER ALLES VERGISST).

B) ER BEREUT ES (HAT ABER NICHT DEN MUT, ES MIR ZU SAGEN)!

3) Fällt mir im Moment nicht ein.

Auf jeden Fall steht fest, dass ich heute Mist gebaut habe, und wenn etwas schiefläuft, kann ich es (ausnahmsweise mal) nicht Dad in die Schuhe schieben.

Alles fing damit an, dass ich zur dümmsten Kuh auf Erden nett sein wollte: Capucine. Obwohl sie zu den Tussis gehört, für die ich normalerweise kein Fünkchen Empathie verspüre, tat sie mir heute Morgen dann doch leid, als sie – vor der ganzen Klasse – sagen musste, dass sie für unser Projekt **NIEMANDEN** hatte. Allerdings ist zu bedenken, dass Capucine nicht sehr beliebt ist ...

Kein Wunder, dass es so kam.

Dass Madame Clara sich verzählt hat, wundert mich allerdings schon! Als sie merkte, dass wir 25 – und keine 24 – Schüler sind, schlug sie Capucine vor, sich einer Gruppe ihrer Wahl anzuschließen.
Und als ich sah, dass alle anderen auf ihre Füße starrten, um Capucines Blick auszuweichen, fand ich das ... einfach zu grausam, Tagebuch. Es erinnerte mich daran, wie einsam ich mich damals in Sainte-Lorette auf der Toilette fühlte. Und wenn Leonie mich nicht zu sich zum Spaghetti-Essen eingeladen hätte, wäre ich damals vor sechs Monaten bestimmt vor Kummer gestorben.

Und das erinnerte mich an ...

»Komm doch zu uns, Capucine.«

Françoise, die neben mir saß, verpasste mir den heftigsten Fußtritt der Welt.

»Meine Schwester ist verrückt, was soll das?«

Capucine, stolz, wie sie nun mal ist, ließ mich zappeln, als hätte sie tausend andere Optionen! Hey, das hatte ich nun echt nicht nötig.

»Kein Mensch zwingt dich, Capucine! Ich meinte nur ...«
»Okay, schon gut. Ich bin einverstanden.«

Sam, Françoise und Leif waren sicher stinksauer auf mich, aber dafür hatte ich Madame Claras Herz gewonnen – du hättest sehen sollen, wie sie mich den Rest des Unterrichts ansah!

MORGEN FANGEN WIR AN.
UND GLAUB MIR:
CAPUCINE SOLLTE SICH BESSER ZUSAMMENREISSEN.

Ich habe mal gehört,
dass Geben seliger ist als Nehmen.

Mal sehen, ob es stimmt ...

Fanny x

Freitag, 7. April
11:55 Uhr

Das Fahrrad
der alten Japanerin von unten

Dank der uralten Dame, die unter uns wohnt – du weißt schon, die Japanerin mit dem dubiosen Geschäft voller Puder und Lippenstifte –, muss ich in Zukunft nicht mehr in Dads blauer alter Rostlaube zur Schule fahren, die er unser »Auto« zu nennen wagt.

Als ich heute Morgen viel zu spät aus dem Haus lief, weil ich beim besten Willen nicht länger auf Dad warten konnte – morgens ist er so lahm wie eine Schildkröte –, stand die alte Dame plötzlich vor mir. Ich hatte den Eindruck, sie habe auf mich gewartet, um mit mir zu reden. Als ich an ihr vorbeirennen wollte, hielt sie mich am Arm fest und redete auf Französisch mit einem komischen Akzent auf mich ein. Es klang etwas sperrig, war aber fehlerfrei.

»Du kannst das Rad dort nehmen, Kleine. Es gehört mir, aber meine Beine taugen nicht mehr für solche Verrücktheiten.«
»Wirklich? Oh, danke! Sind Sie sich sicher?«
»Würde mich freuen, Kleine.«
»Ich heiße Fanny.«
»Kann sein, aber ich glaube, hier würde man dich Fubuki nennen.«
»Ach ja? Keine Ahnung, ich kann kein Japanisch. Aber Sie sprechen wirklich gut Französisch für eine ...«
»Für eine alte Japanerin?«

UPS!

»Ja, schon.«
»Du solltest besser aufpassen, weißt du?«
»Ja, pardon. Ich wollte Sie nicht kränken.«
»Nein, ich spreche von deinen Schuhen, Kleine.«
»...«
»Es verrät viel über einen Menschen, wie er seine Schuhe pflegt.«
»Oh, es ist aber so ... dass sie mir so gefallen.«

Seit dem dummen Krach mit Sophie wegen der Nikes trage ich übrigens Converse.

Ich blickte auf meine Sneakers und dachte: Meine alten beigefarbenen Converse werden mit der Zeit immer schöner, finde ich. Sogar die Kaugummireste unter der Sohle mag ich. Aber ich kann es dieser alten Japanerin nicht übel nehmen, dass sie das nicht nachvollziehen kann. Ihre komischen alten Sandalen stammen garantiert aus einem anderen Jahrtausend!

Die alte Frau schmunzelte, als sie mich auf ihre Füße starren sah. Ich hatte mir erlaubt, mich über sie zu mokieren, und sie hatte mich dabei ertappt. Bevor sie in ihren Laden zurückging, sagte sie noch mit ihrer Sandpapierstimme:

»Wenn du diese Schuhe liebst, dann müssen sie perfekt sein. Du kannst mich übrigens Manaka nennen. Hab einen schönen Tag, Kleine. Bis morgen!«
»Okay, und danke ... für das Rad.«

まなかさんのくつ

MANAKAS SANDALEN

Hatte sie gerade „Bis morgen" gesagt?

Egal.
Yippie!
Ein Fahrrad.

PS:
Ich würde übrigens gern den Bus oder die Metro nehmen, aber da steht alles auf Japanisch. Wäre also leichtsinnig, vor allem weil ich mir den Namen des Stadtviertels, in dem Dad und ich wohnen, noch immer nicht merken kann.

Dieses Rad stammt vermutlich noch aus dem 19. Jahrhundert, aber es funktioniert immerhin!

HURRA, ICH BIN UNABHÄNGIG!

Gleicher Tag,
22:47 Uhr

The Boat

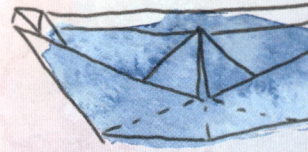

»Fanny? Du bist nicht in der Schule? Und die anderen auch nicht?«
»Mensch, Dad! Jetzt sag bloß nicht, du hast es vergessen!«

Als uns Dad heute Nachmittag die Tür seines Labors öffnete, merkte ich sofort, dass er nicht mit uns gerechnet hatte. Und dass wir mit unseren Notizblöcken und Diktiergeräten in seinen Augen keine positive Überraschung waren.

»Was vergessen?«

Sam ist offenbar nicht der Einzige in meinem Leben, der an Amnesie leidet.

»Dass wir am Freitag kommen, Dad. Unser Schulprojekt ...«
»Herrje, Fanny! Woher sollte ich wissen, dass du *diese* Woche gemeint hast?«

Ich holte tief Luft, bevor ich mich zu den vier Mitgliedern meines Teams umdrehte.

»Hab ich es euch nicht gesagt? Mein Vater ist das denkbar schlechteste Studienobjekt.«

Sam versuchte (ohne großen Erfolg), sich als der Sprecher unserer kleinen Gruppe aufzuspielen.

»Das Problem ist, dass unsere Deadline recht knapp ist, Monsieur Cloutier. Deshalb schlage ich vor, dass wir Ihnen einfach nur zuschauen, ohne Fragen zu stellen. Wir setzen uns hinten in Ihr Labor. Eine Stunde und schon sind wir wieder weg! Ginge das?«
»Ihr könnt nicht bleiben, tut mir leid. Nicht heute.«

Als Dad die Tür seines wertvollen Labors tatsächlich wieder schließen wollte, begriff ich, dass ich als Einzige meinem Sturkopf von Vater die Stirn bieten konnte.

»Dad, nein!«
»Fanny, zwing mich nicht, dich vor deinen Freunden zu blamieren.«
»Und du **HÖR AUF**, mich ständig hintanzustellen!«

Nun blieb Dad nichts anderes übrig, als die Tür wieder aufzumachen. Dabei sagte er trocken:

»Ich stelle dich **NICHT** hintan. Ich mache nur meine Arbeit.«

Was dann aber in der nächsten Minute geschah, ließ mich glauben, in einer amerikanischen Soap gelandet zu sein: Wie aus dem Nichts tauchte Yoko auf, außer Atem und gekleidet, als wolle sie zu einer Expedition ins Amazonasgebiet aufbrechen.

»*Hubert, sorry, my love, I'm late! Everybody's ready, the boat is set, they leave soon, so we better hurry.*«   Hubert, entschuldige, mein Schatz, ich bin spät dran! Alle sind fertig, das Boot ist bereit, sie fahren gleich los, wir sollten uns besser beeilen.
»…«
»Ah, Funny, du bist auch da … Schön, dich zu sehen. Lange nicht gesehen … du und ich.«

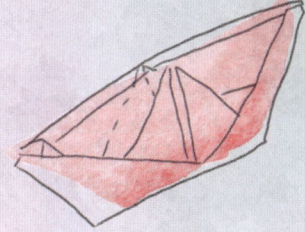

THE BOAT

Ich hatte keine Ahnung, was sie hier wollte. Aber immerhin wusste ich nun, warum Dad uns loswerden wollte. Und ich hatte soeben erfahren, dass er **WIEDER** die Absicht hatte, ein Boot zu betreten, und es feigerweise **WIEDER** vor mir verheimlichen wollte.

»Kommt, Leute, wir gehen!«
»Spatz, warte doch.«
»Besser nicht. Spar dir deine Energie dafür auf, deiner Liebsten zu erklären, dass ich **FA-NNY** heiße.«

Und dann lief ich weg. Dad machte keinen Versuch, mich aufzuhalten, da er natürlich wusste, wie diese überraschende Nachricht auf mich wirkte. Leif, Françoise und Capucine folgten mir, ohne Fragen zu stellen, doch Sam war zu verwirrt, um sich von der Stelle zu rühren.

»Fanny, was soll das?«

Ich dachte nur: Pech für Sam! Er kann ja bleiben, wenn er will. Überstürzt rannte ich aus dem Gebäude, in dem Dad arbeitet – ein grauer, deprimierender Betonklotz an einer grauen, deprimierenden Straße im Osten von Kyoto.

Ich flitzte mit einem Affenzahn auf meinem alten, rostigen Drahtesel davon, und ohne es geplant zu haben, hängte ich die anderen ab. Aber es war mir ehrlich gesagt ganz recht, allein zu sein.

Vor unserem Hause stieß ich auf die alte Manaka – klar, dass ich außer Atem und total fertig war. Deshalb hatte ich null Lust, mich mit dieser Tattergreisin zu unterhalten.

»Hallo, Kleine. Was ist passiert?«
»Nichts, ich habe nur viele Hausaufgaben und muss gleich hoch.«
»Du wirkst ziemlich verstört, Fubuki.«
»Was ist nur los hier in Japan, dass mich kein Mensch bei meinem richtigen Namen nennt? Ich heiße Fanny! Fa-nny!«

Ich rannte ins Haus und schlug die Tür hinter mir zu. Zum ersten Mal in meinem Leben war ich zu ... ähm, einer älteren Person unhöflich gewesen. Und komischerweise plagte mich ein schlechtes Gewissen, als ich an Manaka dachte, die in ihrem geblümten Kleid allein auf dem Gehweg stand, die Arme baumeln ließ und sich sicher fragte, ob alle Kanadier so unhöflich waren wie ich.

Kaum war ich in der Wohnung, zog ich Schuhe und Mantel aus, rannte in mein Zimmer und rollte mich zu einer Kugel zusammen. Ich konnte nur an eines denken: Wenn mein Vater sich wieder aufs Meer hinauswagte, ging er freiwillig das – wenn auch nur minimale – Risiko ein, mich im Stich zu lassen.

Natürlich weiß ich, dass Tausende von Menschen
Tag für Tag in Boote steigen.
Aber keine Väter, die dabei riskieren,
ihre Tochter zur Vollwaise zu machen.

Er hatte es mir VERSPROCHEN.

An diesem Abend klingelte mein Handy mindestens fünfundzwanzigmal ins Leere. Ich wusste, dass es entweder Dad oder Leonie war, deshalb ging ich gar nicht dran.

Ich habe mir auch keine Sushis bestellt.
F. x

Samstag, 8. April

Bye-bye, Bonsai

»Fanny, wach auf!«
»Nein.«
»Perfekt.«

Es verheißt normalerweise nichts Gutes, wenn Dad »perfekt« sagt, nachdem ich widersprochen habe. Etwas sagte mir, dass ich besser aufstehen sollte, und zwar schnell. Als ich die Küche betrat, saß er vor dem Backofen und betrachtete sich in der Glasscheibe, während er sich mit seiner Krawatte abmühte. Krawattenknoten waren nicht sein Ding.

Ich half ihm, obwohl meine Empathie ihm gegenüber praktisch auf dem Nullpunkt war.

Ich weiß, es ist komisch, Tagebuch,
aber ja: Ich weiß, wie man eine Krawatte bindet.

DIE KNOTEN

- Nicky -
- Windsor -
- Trinity -
- Q -
- Halber Windsor -
- Doppelknoten -

»Warum machst du dich so schön? Heute, am Samstag?«
»Siehst du, du vergisst auch manchmal etwas, Fanny.«
»Keine Ahnung, was du meinst.«
»Das Frühstück bei Yokos Mutter. In zwanzig Minuten.«
»Im Ernst? Jetzt sofort?«
»Im Ernst, Fanny.«
»Ich wüsste nicht, warum ich immer tun soll, was du willst, wenn du …«
»So allmählich denke ich, dass Yoko recht hat.«
»Pfff, was denkt sie denn so Intelligentes, deine Yoko?«
»Dass ich strenger zu dir sein sollte.«
»Ach nee.«
»Zunächst einmal müsstest du einsehen, dass ich, wenn mein Job mich zwingt, ein Boot zu betreten, Fanny … Hey, bleib hier! Wenn meine Arbeit …«

Ich rannte in mein Zimmer und sein Satz blieb ebenso unvollendet wie sein Krawattenknoten.

»Sie soll sich gefälligst um ihren eigenen Kram kümmern.«

Er kam mir nach, um mir klarzumachen, dass ich in **SEINEM** Revier war, in **SEINEM** Haus (ein Klassiker), sprich: Er benahm sich wie ein normaler Vater.

»Ich will, dass du in zwanzig Minuten unten bist, Fanny! Ich gehe schon mal vor. Das gibt dir Zeit zum Nachdenken.«
»Worüber?«
»Über den Eindruck, den du hinterlassen willst! Und sei gewarnt: Komm mir nicht mehr mit deiner Bikini-Nummer.«

Als Dad davonmarschierte, murmelte er noch etwas von wegen Make-up.

»Und wohin soll ich unten dann genau gehen, Dad?«
»Yokos Mutter wohnt im Erdgeschoss!«

Ich glaube, ich spinne.
Die uralte Hundertjährige
mit den verrückten Sandalen
ist ... Yokos Mutter?

12 MINUTEN

später war ich in mein schönes gelbes Kleid geschlüpft,
das anständig genug war, damit ich Dad keine Schande machte.

Pfff,
nicht dass er es verdient hätte.
Keine Sekunde.

»Hallo? Ist da jemand?«

Ich klopfte an die Tür der alten Manaka und als niemand antwortete, schob ich sie auf. Ich sah sofort, dass ich mich in einer stilechten japanischen Wohnung befand – ein krasser Gegensatz zu unserer vergammelten Bude darüber. In zwei Worten: minimalistisch und Zen. Es war so ordentlich aufgeräumt, dass ich fast nicht zu atmen wagte. Ich zog die Schuhe aus und tappte durch den langen Flur ...

Bis hierher ging alles gut.

Ich wusste, dass die Gäste im hinteren Teil sein mussten – vermutlich im Esszimmer –, doch der komische Raum zur Straße hin (der nach Ladengeschäft aussah und auch wieder nicht) zog mich wie magisch an. Ich hätte mir sagen müssen: *Nein, Fanny, du bist nicht bei dir zu Hause und nicht mal in deinem Land! Dein Platz ist im Esszimmer!* Stattdessen spazierte ich neugierig in genau diesen Raum.

In einem Wort: idiotisch.

Es war definitiv ein Geschäftsraum. Die Wände waren mit Fotos von Geishas tapeziert und es roch nach Räucherstäbchen. In den deckenhohen Regalen standen Minitöpfchen mit Cremes und Pudern. Lippenstifte, die auf den ersten Blick alle gleich aussahen, waren akribisch aufgereiht. An der Rückwand hingen ausländische Zeitungsartikel. Ich ging darauf zu, um sie zu lesen, und entdeckte als Erstes die Überschrift einer alten Ausgabe von *Paris Match*.

„Manaka Osaki, Inhaberin des ältesten und authentischsten Etablissements mit Schönheitsprodukten für Geishas"

MADAME MANAKA IST WESENTLICH SPEZIELLER, ALS ICH DACHTE.

Das war genau, wirklich haargenau der Moment, in dem ich gut daran getan hätte, mich umzudrehen und zu Dad zu eilen, der sicher schon der Meinung war, dass ich mir viel zu viel Zeit ließ. Doch stattdessen ging ich auf ein winziges Bäumchen zu, das unter einer Glasglocke stand.

SCHLECHTE IDEE NR. 1

Ich schwöre dir, Tagebuch, dass ich einfach nur herausfinden wollte, was an diesem Minibäumchen so besonders war, dass man es so sorgsam zudeckte. Deshalb versuchte ich, das Glastürchen zu öffnen.

SCHLECHTE IDEE NR. 2

Das Türchen klemmte und ich musste ziemlich fest ziehen — zu fest offenbar, denn das ganze Ding knallte auf den Boden.

Eine Minute betrachtete ich das wehrlose Bäumchen, dem ich gerade den Garaus gemacht hatte. Ich versuchte, mich davon zu überzeugen, dass da nur ein unwichtiges Häuflein Erde lag. Aber im Grunde wusste ich, dass es der Beweis für eine traurige, wahre und unstrittige Tatsache war:

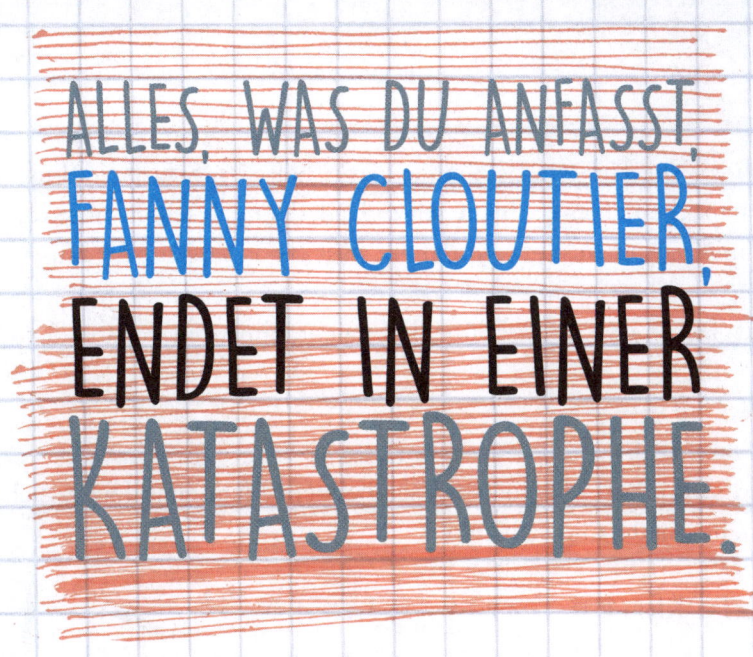

Warum muss für mich immer alles so kompliziert sein, hm? Warum kann ich nicht wie alle anderen sein? Nie. Nie. Nie!

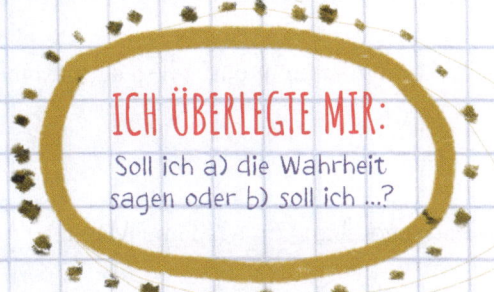

Aber ich hatte keine Wahl, das war mir klar. Am Ende kommt doch alles heraus. Deshalb schlurfte ich mit eingezogenem Kopf zum Esszimmer, mit der Absicht, mein Missgeschick zu beichten – zumindest Dad.

Ehrenwort, Tagebuch, mir war nicht klar, was ich gerade kaputt gemacht hatte, sonst hätte ich mich **ERNSTHAFT** für Option b entschieden. Aber was soll's? Jetzt, wo ich diese Zeilen schreibe, ist es ohnehin tausendmal zu spät.

kurzum ...

Als ich vor der Tür zum Esszimmer stand, holte ich gaaanz tief Luft (um mir Mut zu machen). Dann schaute ich zu Dad, der mich schon entdeckt hatte. Er kennt mich so gut, dass er sofort ahnte, dass etwas passiert sein musste.

»Fanny, komm rein, meine Süße. Ich möchte dir Monsieur Osaki vorstellen, Yokos Onkel!«
»Nein, komm du! Bitte, es ist wichtig ...«

Dad entschuldigte sich auf Japanisch bei dem Mann, mit dem er sich gerade unterhalten hatte, und kam zu mir.

»Hübsches Kleid.«
»Dad, ich habe ... ähm ...«
»Sag mal, Fanny, du bist ja ganz blass. Was ist los?«
»Ich ... ähm ... Ich glaube, ich habe einen Baum kaputt gemacht.«
»Einen Baum?«
»...«
»Schatz, einen Baum kann man nicht einfach so kaputt machen.«
»Einen Mini...baum.«
»O nein, Fanny ...«

Dad folgte mir ins Ladengeschäft von Madame Manaka.

Er ging hinter mir her, aber ich spürte trotzdem, wie sein Atem immer abgehackter wurde.

Als wir den Raum betraten und Dad sah, was passiert war, fiel er buchstäblich auf die Knie, um einzusammeln, was von dem halb entwurzelten Bäumchen übrig war. Er murmelte etwas von seinen Ersparnissen und dass wir für den Rest unseres Lebens ruiniert seien.

Als ich mich ebenfalls bückte, um ihm zu helfen, brüllte er mich an:

DU RÜHRST HIER GAR NICHTS MEHR AN, VERSTANDEN?!

Dads Gebrüll führte dazu, dass unser kleines Familiengeheimnis öffentlich wurde: Eine Minute später stand die gesamte Familie Osaki um den von mir angerichteten Schaden herum. Yoko und die alte Manaka schwiegen, während alle anderen aufgeregt auf Japanisch miteinander tuschelten und mir so böse Blicke zuwarfen, als hätte ich ihren Premierminister ermordet. Ich wusste echt nicht, was ich tun sollte, Tagebuch.

ICH WURDE ZU EINEM

SPRINGBRUNNEN DER TRÄNEN.

»Dad, nicht böse sein ... bitte. Ich kaufe ihnen einen neuen Baum. Versprochen.«

Wie in einem Western, in dem der Bösewicht gleich auf seinen Gegner schießt, drehte Dad mir langsam den Kopf zu, um mir das ganze schreckliche Ausmaß meines botanischen Missgeschicks begreiflich zu machen.

»Das ist kein Baum, Fanny. Es ist ein Bonsai. 390 Jahre alt! Yokos Familie pflegt und hegt ihn seit Generationen! Dieser Bonsai hat sogar Hiroshima überlebt! Und er war Yokos Erbschaft!«

»...«

»Ist dir klar, was du gemacht hast? Sag, ist es dir klar?! Er war unbezahlbar, Fanny. Un-be-zahl-bar!«

Alle starrten mich an, während ich schluchzte und auch den Rest von Stolz vergaß. Ich war eine Niete, eine Null, und damit Dad aufhören würde, mich zu demütigen, schrie ich irgendwann zornig:

»Und warum lassen sie ihn dann hier rumstehen?!«
»Fanny, geh nach oben.«
»...«
»Sofort!«
»Hättest du mich doch nie gezwungen hierherzukommen! Es ist deine Schuld, dass mein Leben jetzt im Eimer ist! Ich hasse dich, Dad!«

Dad blickte zu mir hoch und glaub mir, Tagebuch: So hatte er mich noch nie angestarrt! Seine Ruhe war irritierend, seine ganze unterdrückte Wut war in ein Schweigen gehüllt, das ich nicht durchdringen konnte. Mein Hals war wie zugeschnürt. Ich begriff, dass die Sache gelaufen war.

»Fanny, geh hoch.«

Ich verließ den Raum, ohne mich noch einmal umzudrehen. Als ich mit bleischweren Beinen (jedes wog an die zweihundert Kilo) die Treppe hochstieg, wischte ich mir über die inzwischen leer geweinten Augen.

Als ich den Kopf hob, sah ich jemanden im Schneidersitz vor unserer Wohnungstür sitzen.

SAM

»Fanny, wir müssen reden. Ich habe gestern so tolle Dinge über deinen Dad erfahren. Du hättest bleiben sollen. Du wirst es nicht glauben: Dein Vater wird ...«
»... mich umbringen, wenn er dich hier sieht. Geh, schnell!«
»Sag mal, was ist los?«
»Geh! Bitte!«
»Aber sag mir doch, was los ist.«

Ich zuckte mit den Schultern, um Sam begreiflich zu machen, dass es sinnlos war. Doch er ließ nicht locker.

»Fanny, ich lass dich in diesem Zustand nicht allein.«
»Geh bitte! Ich muss allein sein. Glaub mir, ich mache alles kaputt, was ich anfasse.«

»Sag das nicht ...«

»...«

»Fanny, wie du dich für Capucine eingesetzt hast! Das hätte niemand sonst gemacht.«

»Dir werde ich auch nur wehtun, glaub mir. Also geh!«

»Kann sein, aber dieses Risiko gehe ich ein.«

Sam streckte eine Hand aus, um eine Träne aufzufangen, die mir über die Wange lief.

> Da dachte ich mir: Ich bin vielleicht doch nicht ganz allein auf der Welt.

Obwohl ich mich schämte – und *schämen* ist ein zu schwacher Ausdruck –, habe ich Sam von dem 390 Jahre alten Bonsai von Madame Manaka erzählt. Er hörte mir geduldig zu und ich schluchzte die ganze Zeit. Aber nach einer Weile versiegten meine Tränen, denn jeder Kummer lässt irgendwann nach.

»Fanny?«

»Was?«

»Dieser Bonsai ...«

»Ja, was ist damit?«

Ich war vorhin im Internet: Hiroshima ist eine Stadt in Japan, auf die am 6. August 1945, am Ende des Zweiten Weltkriegs, Atombomben abgeworfen wurden. Dabei starben schrecklich viele Menschen oder bekamen (aufgrund der Strahlung) Krebs. Entsetzlich!

»Ich denke ... wenn er Hiroshima überlebt hat, dann überlebt er vielleicht auch Fanny Cloutier, meinst du nicht?«

Ich musste lächeln.

> Obwohl ich weiß, dass Worte allein nie alles wiedergutmachen können.

»Warum bist du immer so nett zu mir, Sam?«
»Keine Ahnung. Ich fühle mich wohl mit dir. Das ist alles.«
»Du, Sam ...«
»Ja, was ist?«
»Könntest du ... Würde es dir etwas ausmachen ...«
»...?«
»Mich ... in den Arm zu nehmen?«

Sam beugte sich zu mir. Ich ließ mich umarmen. Ja, ich ließ mich von ihm halten und wenn ich mich in seinen Armen in tausend Teilchen hätte auflösen und verschwinden können – ich glaube, ich hätte es getan.

Dann blickte ich auf und sah ihm in die Augen.
Was bringt ihn dazu,
jemanden wie mich zu mögen,
ein Häuflein Elend?

Ich beugte mich zu ihm und blickte auf seine Lippen, wie sie es in den Filmen machen, bevor sie sich küssen. Ich hatte immer gedacht, dass die Schauspieler es tun, um die richtige Position zu ihrem Gegenüber zu finden, aber in meinem Fall kam es ganz von selbst. Ich hatte nicht vor, es wie in einem Film zu machen, es war mir egal, ob die Position perfekt war oder nicht.

Und da ist es dann passiert. Zum zweiten Mal. Obwohl ich sicher ein total verschmiertes Gesicht hatte (Mascara!), küssten wir uns.

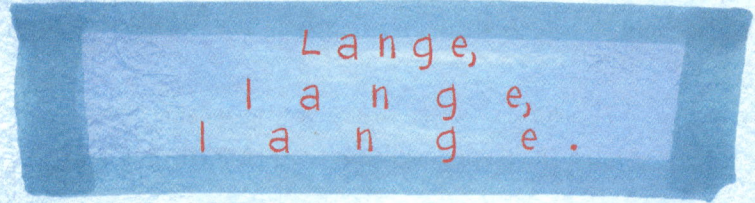

Lange,
lange,
lange.

Jedenfalls lange genug, dass ich es spürte ...

ICH FÜHLTE MICH WOHL UND LEER ZUGLEICH. ÜBERALL und nirgends ZUGLEICH.

Glaub mir, Tagebuch: Ich wollte es nicht, aber als ich Sam küsste, musste ich tatsächlich an Henri denken. An die letzten Male, als wir uns sahen. An die letzten Nächte, in denen wir uns unterhielten, während alle anderen schliefen. Daran, wie er in völliger Dunkelheit mein Brot mit Marmelade bestrich. Mit der genau richtigen Menge an Marmelade.

Ich konnte mir zigmal sagen, dass ich das alles 10.158 km weit hinter mir gelassen habe ... Die Frage drängte sich auf:

Ist diese Leere Henris Hinterlassenschaft? Bin ich für den Rest meines Lebens dazu verdammt, immer nur halb küssen, halb leben zu können?

Was, wenn man nur einmal richtig, so richtig lieben kann?

Vielleicht gibt das Herz nach der ersten großen Liebe auf?

Ich weigere mich, **NEIN. DAS** zu glauben.

*Es darf nicht wahr sein, Fanny,
dass Henri es jedes Mal,
wenn du Sam nahe bist, schafft,
in deinem Kopf herumzuspuken.*

Ich schloss einen Pakt mit mir selbst und als ich die Augen wieder öffnete, konnte ich besser atmen, besser als seit Monaten. Sam musste mir versprechen, dass er keine Amnesie mehr bekommen und diesmal nicht vergessen würde, dass wir uns geküsst hatten. Und er schwor mir, dass er sich noch an seinem 88. Geburtstag daran erinnern würde. So viel hatte ich gar nicht gefordert, aber ich sagte: Okay.

Schließlich ging Sam nach Hause und Dad kam hoch. Wir verloren kein Wort mehr über den Vorfall. Die einzigen Worte, die ich von Dad hörte, waren an Yoko gerichtet, die an unsere Tür kam, um zu hören, ob es etwas Neues gab. Ich hatte nicht den Mut, mich zu zeigen. Ich blieb den ganzen Tag in meinem Zimmer, um zu zeichnen und dir zu schreiben, und jetzt lege ich mich schlafen.

Ende eines Tages, den ich garantiert mein Leben lang nicht vergessen werde – der Tag, an dem ich von meinem ersten Liebeskummer geheilt wurde, kurz nachdem ich einen 390 Jahre alten Bonsai massakriert hatte.

*Gute Nacht,
Tagebuch.
F.*

Mittwoch, 12. April
21:23 Uhr

Ich bin ein Schneesturm

Versprochen, ich werde dir erzählen, wie mein erster Schultag nach dem Kuss mit Sam im Treppenhaus verlief, aber zuerst **MUSS** ich noch etwas anderes sagen:

Ich war heute Abend bei der alten Manaka. Sie und ich haben zusammen gegessen. Dad kam heute zwar superfrüh von der Arbeit zurück, aber ich dachte, wenn er allein essen muss, wird er vielleicht begreifen, wie **ÖDE** es ist, abends allein mit einem Teller Sushi vor dem Fernseher zu sitzen. Und außerdem redet Dad, wenn überhaupt, mit mir nur über eins: wie ich mich »angemessen« bei Manaka entschuldigen kann.

> Folgende Strategien hat Dad sich dafür ausgedacht:
> 1. Jeden Sonntag bei Manaka putzen (nie im Leben).
> 2. Jede Woche ein paar Stunden in ihrem Laden arbeiten (zur Not ...).
> 3. Ihr etwas Bedeutendes schenken (?).

Strategien hin oder her, nach **72 STUNDEN** Nachdenken war mir klar, dass es höchste Zeit war, meinen Mut zusammenzunehmen und mich bei Yokos Mutter für das mit dem Bonsai zu entschuldigen. Ich hatte eine sehr lange und sehr ausgefeilte Rede vorbereitet, doch als sie mir die Tür öffnete, brachte ich nur über die Lippen:

»Ich ... Ich ...«

»...?«

»Ich möchte mich entschuldigen.«

»Schon gut, schon gut.«

»Nein, es ist nicht gut. Ich entschuldige mich wirklich. Was ich gemacht habe, ist ... unverzeihlich.«

»Halb so schlimm, Fubuki.«

»...«

»Vielleicht gibt es einen besonderen Grund, warum sich dieser Bonsai auf deinem Weg befand.«

»Ja, um mir das Leben schwer zu machen.«

»Es kommt immer darauf an, *wie* man die Dinge sieht.«

»Aber der Bonsai war Ihr Erbstück, Manaka. Und das von Yoko. Und er hat eine Atombombe überlebt ... Mein Vater sagte sogar, dass Ihre Familie den Bonsai ›der Überlebende‹ getauft hat. Sie haben also jedes Recht, für alle Ewigkeit böse auf mich zu sein.«

»Oh, für alle Ewigkeit – das wäre zu anstrengend. Außerdem habe ich ihn ins Lazarett geschickt, in der Nähe von Hiroshima.«

»Ins Lazarett? Gibt es in Japan Bonsai-Ärzte?«

»Kann man so sagen, ja.«

»Das ist ja lustig.«

»Ja, ich weiß. Wie wär's, willst du mitkommen, wenn ich ihn nach seiner Genesung wieder abhole?«

»Aber ja, gern. Sie können auf mich zählen, Manaka.«

Uff. Tagebuch, du kannst dir nicht vorstellen, wie froh ich war zu hören, dass Manaka mir verziehen hatte. Sie setzte sich ans Fenster, was ich als Einladung nahm, ihr zu folgen – aber natürlich ohne etwas anzufassen, Ehrenwort! Ich sah sie an, ohne etwas zu sagen. Und vor allem, ohne etwas zu verstehen.

Die meisten Leute hängen extrem an den Dingen, die sie besitzen, an deren Wert. Manaka dagegen scheint darüberzustehen. Sie kennt mich kaum und hat mir schon ... verziehen?

Und wenn Verzeihen uns verändern kann, zum Besseren?

In der nächsten Stunde haben wir über alles Mögliche geredet, nur nicht über massakrierte Bonsais. Madame Manaka spricht übrigens so gut Französisch (und Griechisch und Mandarin und Englisch und Italienisch!), weil sie ihr Leben lang Philosophie studiert hat.

»Ich verstehe nicht ganz, Manaka. Muss man so viele Sprachen können, um Philosophie zu studieren?«
»Nein, nicht unbedingt. Aber ich wollte sämtliche Feinheiten der Worte der Autoren verstehen.«
»Warum?«
»Nun, in jeder Sprache gibt es Wörter, die einzigartig klingen.«
»Komisch, meine Mutter fand das auch. Sie war ein großer Fan von Italienisch.«
»Oh, dann hatte sie einen guten Geschmack!«
»*Dolce far niente* – sagt Ihnen das etwas, Manaka?«

Ich weiß nicht, ob diese Worte
nur auf Italienisch gut klingen,
aber sie brachten Manaka zum Lachen.
Mich dagegen ließen sie an ...
Leonie denken.

Da habe ich mich gefragt, ob ich wie Manaka eines Tages die Kraft haben werde, Leonie zu verzeihen. Aber sie hat keinen 390 Jahre alten Bonsai zerstört, sondern

meine erste
große Liebe.

»Manaka, darf ich Ihnen eine letzte Frage stellen?«
»Aber ja.«
»Warum nennen Sie mich die ganze Zeit Fubuki?«
»Schneesturm ...«
»Was?«

Manaka erhob sich, ging kurz hinaus und kam mit einem Pinsel in der Hand zurück. Sie tauchte ihn in ein Tintenfass und begann, damit etwas auf ein Blatt Reispapier zu schreiben.

フブキ *fubuki*

SCHNEESTURM

»Gleich als ich dich das erste Mal sah, wusste ich, dass du ihn in dir trägst, schon von klein an.«
»Was?«
»Diesen Sturm in deinem Herzen.«

Manaka reichte mir das Blatt. Ich zögerte kurz, bevor ich es annahm, dann sah ich ihr in die Augen.

»So war ich übrigens nicht, bevor mein Vater hierherkam.«
»Glaubst du?«
»Das mit dem Bäumchen war dumm von mir, aber Sie wissen nichts über mich, Manaka.«
»Wie du meinst.«
»Ja, meine ich. Sie wissen nichts.«

Ich stand auf.
Ich war gekommen, hatte mich entschuldigt und mir war sogar verziehen worden.

Aber ich hatte keine Lust, mir sagen zu lassen, dass ich für den Rest meines Lebens frustriert wie ein Schneesturm sein würde. Ich wollte gehen, doch Manaka stellte mir eine letzte Frage, ohne mich anzusehen.

»Weißt du, wie die meisten Menschen im Meer ertrinken?«

Ich drehte mich um, sprachlos und wie gelähmt. Und weil es nicht gerade mein Hobby ist, über das Ertrinken im Meer zu reden, sagte ich pampig:

»Weiß ich nicht, nein.«
»Durch Angst.«
»...«
»Die Menschen geraten in Panik, verlieren ihre Kraft und gehen unter.«

»Warum sagen Sie mir das?«
»Weil du genau das tust, seit dein Vater hier in Japan ist. Du hast Angst und zappelst wie wild herum. Und da du es wissen willst: Aus diesem Grund nenne ich dich Fubuki.«

Für einen langen, langen Moment starrte ich auf das Fenster gleich neben Manaka. Ich wollte von ihr hören, dass ich etwas anderes war, etwas anderes als ein Schneesturm. Aber im Grunde meines Herzens wusste ich, dass sie recht hatte.

»Du könntest diese ganze Energie in etwas sehr viel Schöneres umwandeln, Kleine.«
»Ich muss wieder hoch, Manaka. Dad macht sich sicher schon Sorgen. Gute Nacht.«
»Gute Nacht, meine Kleine.«
»Bleiben Sie sitzen? Wollen Sie die Tür nicht abschließen?«
»Nein. Ich bin alt. Und im Moment kann mir niemand meinen Bonsai stehlen.«
»Stimmt. Also dann, gute Nacht.«

Ich muss Dad unbedingt von meinem Abend bei Manaka erzählen. Ich schreibe dir morgen nach der Schule wieder (wegen Sam), versprochen.

Fanny (oder Fubuki?) xxxx

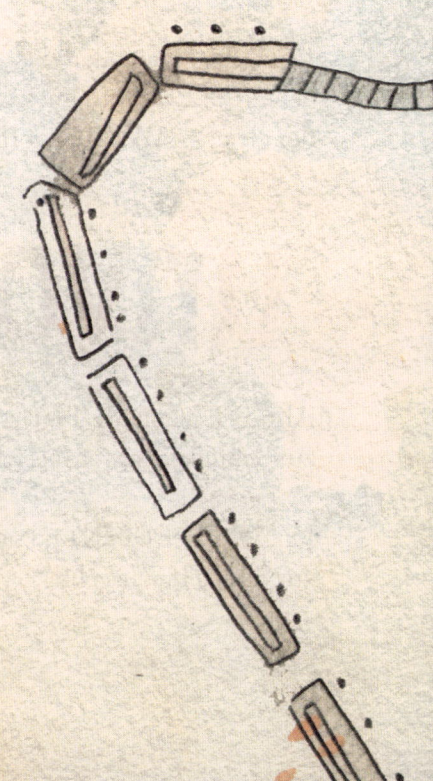

Donnerstag, 13. April
16:35 Uhr

Verliebt
auf zwei Kontinenten?

Heute früh habe ich meine Tage bekommen. Das erwähne ich, weil ich immer traurig oder euphorisch oder frustriert bin, wenn ich menstruiere. Nichts zu machen. Ach ja, ich frage mich, ob dieses Verb in allen Sprachen so hässlich klingt.

==„Menstruieren". Klingt bääh!==

Doch Regel hin oder her – ich glaube, dass die Nachricht, die heute früh um genau 7:42 Uhr auf mich einstürzte, mich egal unter welchen Umständen mit der gleichen Wucht getroffen hätte, denn sie war einfach

unvorstellbar.

Also, wie schon erwähnt, stieg ich um 7:42 Uhr auf mein Rad, um wieder mal zur Schule zu fahren, als ich Dad rufen hörte.
Ich ↑↑↑ (blickte) nach **OBEN** und sah seinen Kopf aus dem winzigen Fenster ragen, das zur Straße hinausgeht.

»Fanny, komm noch mal hoch. Telefon für dich.«
»Geht nicht, Dad. Sonst komme ich zu spät zur Schule!«
»Fanny, komm hoch. Es ist wichtig.«
»Falls es Leonie ist: Ich will nicht ...«
»Sie ist es nicht. Ich fahre dich dann. Komm schon!«

Ich stieg von meinem Rad und fragte mich, was wohl so **DRINGEND** war, dass Dad riskierte, dass ich (eventuell) zu spät zur Schule kam. Auf der Treppe sagte ich mir, dass es vielleicht ganz gut wäre, wenn ich an diesem Morgen nach allen anderen zur Schule käme. Ja, denn seit drei Tagen habe ich dort kein einfaches Leben. Fakt ist, dass Capucine am Montagmorgen den Schock ihres Lebens erlitt, als sie sah, wie Sam meine Hand nahm.

— ICH ÜBRIGENS AUCH. —

Nun ja, es stimmt, dass Sam mir versprechen musste, unseren Kuss nicht zu vergessen. Es stimmt, dass ich traurig gewesen wäre, wenn er das – erneut – getan hätte. Und ja, ich liebe ihn ... sehr (sogar noch mehr, glaube ich), aber ich dachte nicht, dass das bedeutete, dass wir von nun an ganz offen als Pärchen auftreten würden.

EIN RICHTIGES PAAR?

Auweia, es fühlt sich schon komisch an,
wenn ich es nur schreibe. Kein gutes Zeichen, nein.

Ich komme später darauf zurück, denn was dann kam, ist tausendmal wichtiger. Als ich in die Küche gerannt kam, reichte Dad mir sein Handy und ging hinaus – sieht ihm gar nicht ähnlich, mein Privatleben zu respektieren, dachte ich.

»Wer ist dran?«
»Ich bin dann im Wohnzimmer, Fanny.«

Ich schaute aufs Display: unbekannte Nummer.

»Hallo?«
»Fanny, ähm, ich ...«
»Henri?«
»... ja.«

Mindestens eine Minute lang taten wir nichts anderes, als uns beim Schweigen zuzuhören. Ich wartete darauf, dass Henri etwas sagen würde, egal was. Ich wartete, weil ich selbst vermutlich das Falsche gesagt hätte.

Aber ehrlich gesagt war mir diese Leere zwischen uns lieber als das Schweigen der letzten Monate.

»Es ist wegen Albert, Fanny.«
»Ja, was ist mit ihm?«
»Er ist gestorben.
Heute Morgen.«

NEIN! NEIN! NEIN! NEIN! NEIN! NEIN! NEIN! NEIN! NEIN! NEIN!

Ich weiß nur noch, dass ich mindestens zwanzigmal **NEIN** schrie, bevor ich wieder einigermaßen klar wurde. Dann brach ich in Tränen aus. Henri hörte mir zu. Er hörte mir zu, ohne meine Tränen abwischen zu können.

Du verstehst es vielleicht nicht, Tagebuch, aber Albert war für mich immens wichtig. Dad hatte ihn mir zu meinem vierten Geburtstag geschenkt, kurz nach dem Tod meiner Mutter, weil er nicht wusste, was er sagen oder tun sollte, damit ich nicht mehr so traurig wäre. Und es hat geklappt: Albert tröstete mich jedes Mal, wenn ich ihn brauchte.

Und jetzt hätte er mich gebraucht, aber ich war hier. Und da ist er sicher vor Kummer gestorben, ganz allein, hinten in seinem Käfig.

»Wo ist er jetzt?«
»…«
»Wo ist er? Ich will es wissen!«
»Ich habe ihn in einen Schuhkarton gelegt … draußen.«
»Aber da wird er doch gefressen! Spinnst du!?«
»Ich weiß, aber Dad wird ihn zum Tierarzt bringen. Sobald er von der Arbeit kommt. Wir lassen ihn … einäschern.«
»Iiiih! Zusammen mit zig Katzen und Hunden! Will ich nicht.«
»Fanny …«
»**ICH WILL ES NICHT!**«
»Okay, okay, ich werde eine Lösung finden.«

Ich wusste, dass ich mich auf Henri verlassen kann, und dieser Gedanke hat mich umgehend getröstet.

Ich erinnere mich
an fast nichts, Tagebuch.

Ich wusste auch, dass wir uns nichts mehr zu sagen hatten.
Aber ohne genau zu wissen, warum,

hielt ich den Hörer eisern umklammert.

»Fanny, es ist vielleicht nicht der richtige Moment, aber ...«

»...«

»Stimmt das alles, was Leonie erzählt? Sie kommt mindestens fünfhundertmal am Tag zu mir gelaufen und behauptet, dass ... alles, was passiert ist, ihre Schuld ist.«

»Du hast recht, Henri. Es ist nicht der richtige Moment.«

Seit Monaten habe ich auf diesen Moment gewartet und jetzt, wo er da ist, weiß ich nicht mal mehr, ob ich es wirklich will, Tagebuch.

»Entschuldige, ich hätte es nicht jetzt ansprechen dürfen.«

»...«

»Das mit Albert tut mir leid. Ich habe ihn auch sehr gemocht, weißt du.«

»Mhm ... tschüss, Henri.«

»Tschüss, Fanny.«

Ich stand in der Küche und starrte wie benommen auf das Display von Dads Handy. Und obwohl die Nachricht von

Alberts Tod ungefähr 99,9999 % des verfügbaren Platzes in meinem Kopf einnahm,

konnte ich nicht verhindern, mich zu fragen, ob es eine winzige Chance gab, dass Henri mir glaubt. Aber was würde es ändern, wenn er mir glaubt? Auf zwei Kontinenten gleichzeitig kann man schließlich nicht verliebt sein, oder?

Besser nicht darüber nachdenken, Fanny Cloutier.

Gute Nacht, Tagebuch. Gute Nacht, Albert. Gute Nacht ... Henri.

F. x

Freitag, 14. April, 1:55 Uhr
(scheint eine schlaflose Nacht zu werden)

Der Ozean,
mein Vater und ich

Mit all dem, was mir im Moment durch den Kopf geht, werde ich NIE schlafen können, Tagebuch.

1. Albert ... Es vergeht keine Sekunde, in der ich nicht an ihn denke.
2. Capucine hasst mich (ganz offiziell) und ich fürchte, dass sie einen Plan ausbrütet, wie sie mich dafür büßen lassen kann, dass ich mit Sam zusammen bin (auch ganz offiziell).
3. Du wirst es nicht glauben, aber ich war heute Nachmittag auf einem Boot. E-c-h-t w-a-h-r.

Du fragst dich sicher, ob ich seit dem Anruf gestern früh noch mal mit Henri gesprochen habe. Die Antwort lautet:

Nein.

Und ehrlich gesagt möchte ich es so lange wie möglich hinausschieben. Denn ich weiß, dass Henri mich als Erstes fragen würde: »Wie geht's dir so in Japan?«

Und dann müsste ich ihm das von Sam und mir erzählen. Und dann wäre es zwischen ihm und mir ... aus.

Definitiv aus zwischen Henri und mir.

Ich weiß nicht, was ich möchte. Ich weiß absolut **GAR NICHT**, was ich möchte, so sieht's aus. Da hatte ich es endlich geschafft, über Henri hinwegzukommen! Und Sam ist das Beste, das mir passiert ist, seit ich hier in Kyoto bin! Du findest vielleicht, dass ich etwas zu verzweifelt bin, Tagebuch, aber gestern habe ich in der Erdkundestunde zwei Listen gemacht.

SAM ♡

- ECHT NETT
- HAT MICH NOCH NIE VERLETZT
- BESTAUSSEHENDER JUNGE, DER SICH JEMALS FÜR MICH INTERESSIEREN WIRD
- KÜSST SUPERSUPERGUT!
- LEBT IN JAPAN
- LEGT EIN ETWAS ZU SCHNELLES TEMPO VOR
- APROPOS ZU SCHNELLES TEMPO: ICH GLAUBE NICHT, DASS ICH FÜR MEIN ERSTES MAL BEREIT BIN (MIT IHM?)

HENRI ♡

- MEINE ERSTE LIEBE
- HAT MICH SCHON VERLETZT
- (SEINETWEGEN HABE ICH GELITTEN WIE EIN HUND)
- NIEDLICH (OHNE BRILLE)
- WOHNT IN SAINTE-LORETTE
- WEISS ALLES VON MIR
- KEINE GEFAHR, DASS ES ZU SCHNELL GEHT IN EINER FERN-BEZIEHUNG
- ICH HASSE SEINE MUTTER

Trotzdem war ich heute Morgen ratloser denn je, als ich in die Schule kam.

Ich war gerade dabei, mein Schließfach zu durchwühlen, weil ich wieder mal nach meinem Japanischbuch suchte (mein Unterbewusstsein will nicht, dass ich diese Sprache lerne), als mich von hinten zwei Arme umschlangen. Ich weiß nicht, wieso, aber ich erstarrte und war unfähig, mich umzudrehen.

»Hallo, du.«

Meine Güte, ich hab's einfach nicht drauf, mich normal zu verhalten.

»Sam?«

»Klar, wer sonst?«

Ich gestehe, dass ich im ersten Moment dachte: Henri?

Aber um dem Tsunami an Schuldgefühlen zu entgehen, der in diesem Moment über mich hinwegfegte, drehte ich mich um, um zu tun, was vermutlich alle Verliebten auf dieser Welt tun: Ich wollte Sam umarmen. Da wurde das Schließfach neben meinem (brutal) zugeknallt.

CAPUCINE

Hätte ich im Erdboden versinken können, Tagebuch, ich hätt's getan, glaub mir.

Sam bedachte Capucine mit einem durchdringenden Blick, bevor er sich wieder mir widmete. Er senkte den Kopf und küsste meinen Hals, zärtlich und gut. Ich sage nur, dass mich vor heute Morgen noch nie jemand auf diese Art geküsst hat, Tagebuch. Aber weißt du was?

OBWOHL ES *perfekt war…*

WAR ES IRGENDWIE ZU PERFEKT.

Damit will ich sagen: Alles, was Sam in irgendeiner Weise betrifft, ist zu perfekt und das gibt mir das Gefühl, eine Null zu sein. Ich bin **ALLES ANDERE** als perfekt! Besonders, was das Küssen angeht. Weißt du, Tagebuch, ich habe panische Angst, etwas falsch zu machen. Schiebe ich meine Zunge an die falsche Stelle, bewege ich sie nicht richtig (gibt es eine richtige Richtung?), bin ich nicht entspannt genug oder zu entspannt? Woher **WEIß** ich, ob ich alles richtig mache?

Küssen finde ich persönlich ziemlich anstrengend.

Ich kann also nicht sagen, ob ich mich total wohlfühlte mit Sams Kopf in meiner Halsbeuge – vor allem, weil ich genau wusste, dass er es ganz bewusst tat. Um Capucine zu verstehen zu geben, dass sie ihre Zeit vergeudete.

»Tja, ich bin mit Fanny zusammen, ob es dir passt oder NICHT.«

Der Blick, den Capucine mir zuwarf, bevor sie entschwand, gab mir das Gefühl, das Letzte zu sein. Und gleichzeitig gab Sams Blick mir das Gefühl, das achte Weltwunder zu sein. In diesem Moment ging mir die ganze Bedeutung des Begriffs *paradox* auf.

Sechs Minuten (und einen dicken Kuss am Hals) später läutete es zum zweiten Mal – und wir merkten, dass wir zu spät dran waren. Sam packte meine Hand und rannte mit mir durch die Korridore. Ich ließ dauernd meine Bücher fallen, weil er mich ständig zum Lachen brachte, und in diesem Zustand platzten wir ins Klassenzimmer ... zu Madame Clara.

»He, he! Immer mit der Ruhe, ihr zwei! Hat der Freitag diese Auswirkung auf euch gehabt? Setzt euch! Ihr wisst, dass ich allergisch bin gegen Zuspätkommen.«

Daran, dass unsere Lehrerin fast positiv auf unsere erhitzte Ankunft reagierte, merkte ich, dass ich ihr Herz erobert hatte, weil ich Capucine einen Platz in unserem Team angeboten hatte. Uff, wenn sie wüsste, wie sehr ich ihre Tochter hasse, würde ich meinen Status als Lehrerliebling auf der Stelle wieder verlieren!!

Es ist übrigens das erste Mal in meinem Leben, dass ich einen meiner Lehrer nicht zur Verzweiflung bringe. Ein schönes Gefühl!

Sam ließ meine Hand endlich los, ich setzte mich schnell hin und Madame Clara konnte mit ihrem Unterricht fortfahren.

mein Japanischlehrer

»Monsieur Konoki rief vorhin an, um zu sagen, dass er heute etwas später kommt, und ich möchte die Gelegenheit nutzen, um mich bei euch zu erkundigen, wie die Teams mit ihren Projekten klarkommen. Oder gibt es noch Fragen?«

Capucine hob die Hand und sprang auf.

»Ja, Capucine?«

»Tja, wir konnten leider gar nicht anfangen, weil Fanny vergessen hatte, ihrem Vater Bescheid zu sagen. Würde mich nicht wundern, wenn sie ihm auch wegen heute Nachmittag nichts gesagt hat. Ich vermute, sie hat zurzeit tausend andere Dinge im Kopf. Nicht wahr, Fanny?«

Françoise drehte sich zu mir um.

»Was habe ich dir gesagt?«, flüsterte sie. »Meine Schwester spinnt.«

Man sah Madame Clara an, dass sie enttäuscht war.

»Capucine, das ist nicht sehr solidarisch von dir. Aber du, Fanny, musst verstehen, dass es sich auf dein Team negativ auswirkt, wenn du euer Projekt nicht ernst genug nimmst.«

Ich wollte zu einer längeren Entschuldigung ansetzen – tatsächlich hatte ich wegen der Nachricht von Alberts Tod und allem anderen schon **WIEDER** vergessen, Dad zu informieren –, doch Sam kam mir zuvor. *Uff!*

»Nein, Capucine, wenn du zugehört hättest, wüsstest du, dass wir Fannys Vater heute Nachmittag um 14 Uhr treffen. Er hat uns eingeladen, Grönlandwale zu beobachten. Er interessiert sich für sie, weil sie die Säugetierart mit der höchsten Lebenserwartung sind. Angeblich zweihundert Jahre.«

Madame Clara sah mich an.

»Sehr beeindruckend, Fanny.«

Und obwohl ich nicht die **LEISESTE** Ahnung hatte, wovon Sam redete, nickte ich brav.

»Ähm, ja ... Ich weiß. Verrückt, was mein Vater so macht.«

Capucine durchbohrte mich mit ihrem Blick, bevor sie sich wieder hinsetzte. **Pfff!** Wenn sie heute jemanden blamiert hat, dann nur

Ich habe übrigens beschlossen, sie nicht mehr Cappuccino zu nennen (wäre vermutlich nicht gut für mein Karma).

SICH SELBST.

Aber ob blamiert oder nicht, sie kam heute Nachmittag trotzdem mit Leif, Françoise, Sam und mir mit auf ein Boot. Ja, du hast richtig gelesen, Tagebuch: Ich war heute an Bord eines Bootes.

Sagen wir einfach, dass alles in der Japanischstunde begann.

Nachrichten, die Sam und ich uns heute Morgen in der Japanischstunde schrieben:

He, was sollte das mit den Walen? War das ein Witz? Einer, den außer dir keiner versteht, Sam!!!
(Danke trotzdem übrigens.)

Bin am Samstag gekommen, um es dir zu erzählen, aber da haben wir … was anderes gemacht.

Haha, sehr witzig. Bleib ernst, sonst merkt Monsieur Konoki noch was!! Okay …

Weißt du, als ihr letzten Freitag geflüchtet seid, bin ich noch geblieben. Dein Dad hat seine Bootstour abgesagt, er wirkte echt enttäuscht. Als Yoko dann ging, hat er mir sein Labor gezeigt!

Aha … Aber mit mir hat er nie über Wale geredet, nur über Quallen … Hast du wahrscheinlich falsch verstanden.

Nein, dein Vater hat entdeckt, dass ganz bestimmte Quallen genau wie diese Wale keinen Krebs bekommen und superalt werden können.
Und deshalb versucht er herauszufinden, was diese beiden Tierarten gemeinsam haben!

Ja, die Turritopsis-Quallen können den Alterungsprozess aufhalten = wieder jünger werden.
DU SIEHST, dass ich sehr wohl Bescheid weiß. :)
Aber wieso auf ein Boot gehen? Und warum war Yoko da?

Yoko arbeitet für eine Organisation, die gegen den Walfang kämpft.
Und jetzt hat sie deinen Dad zum ersten Mal zu einer Tour eingeladen und … wir dürfen **MITKOMMEN**!!!

Hä? Aber wieso hast du das die ganze Woche nicht erwähnt? Hättest es ja mal sagen können. Ich erfahre es gerade **EINE STUNDE** vorher?

Ich weiß, aber dein Dad meinte, ich solle dir besser nichts sagen … weil du seekrank wirst.

Ich, seekrank????

Er sagte, deshalb würdest du auf keinen Fall mitkommen. Weil du schnell seekrank wirst. Aber ich dachte, wenn ich es dir kurz davor sage, kommst du vielleicht doch mit. Fände es jammerschade, wenn du es verpasst.

Pah, eine lahme Strategie, Sam.
Aber ihr müsst mir unbedingt erzählen, wie es war.
Ich komme nämlich nicht mit. Mich kriegt keiner auf ein Boot.

????

> Übertreib's nicht mit deinen Fragezeichen. Ich komme nicht mit und fertig!

> Mann, dein Dad versucht, ein Heilmittel gegen zig Krankheiten zu erforschen, etwas zu finden, was die Menschen länger leben lässt, und das interessiert dich nicht?! Du bleibst lieber allein hier in Kyoto?

> Genau so ist es. Ich nutze die Zeit, um mir die Stadt anzusehen. Bisher habe ich ja kaum etwas gesehen.

> Fanny, du brauchst dich nicht zu schämen. Ich werde auf dein kleines zartes Herz aufpassen.

> **BIST DU TAUB ODER WAS?**
> Ich sagte, ich setze keinen Fuß auf sein verdammtes Boot.
> **UND HÖR AUF, MEINEN VATER ALS HELDEN ZU SEHEN, ES – NERVT – MICH!**

Nachdem Sam meine letzte Nachricht – mit viel zu großen Großbuchstaben – gelesen hatte, widmete er sich intensiv dem, was Monsieur Konoki uns auf Japanisch über die Eiscremesorten in seinem Land zu sagen hatte. Kaum war die Stunde vorüber, stürzten sich Françoise, Leif und Capucine auf Sams Pult, da Sam offenbar der Einzige war, der eine Ahnung hatte.

»Sam, was ist genau los?«
»Los ist, dass Fanny hierbleiben möchte. Wer von euch mitkommen will, kommt mit, jetzt gleich. Unterwegs erzähle ich euch alles.«
»Wow, ich hätte gewettet, dass ihr in einem Monat nicht mehr zusammen seid, aber schon nach einer Stunde? Das ist ... wow!«
»Spar dir die Sprüche, Capucine.«
»Ich komme mit, Sam.«
»Ich auch.«
»Wir erzählen dir am Montag, wie es war. Tschüss, Fanny.«

Ich sah sie davongehen und konnte sie nicht daran hindern. Und weil Sam sich nicht mal mehr zu mir umdrehte, begriff ich, dass ich gerade Leere um mich herum schuf.

WIEDER EINMAL.

Und ich erinnerte mich daran,
was die alte Manaka über Menschen,
die im Meer ertrinken, gesagt hatte.
Hatte sie vielleicht
sogar recht?

Ich sprang auf und rief, so laut ich konnte:

Es dauerte eine Ewigkeit, bis er ins Klassenzimmer zurückkam, aber immerhin kam er zurück.

»Meine Mutter ist bei einem Segeltörn ertrunken. Ich habe es dir nicht erzählt, weil ... weil ich es satthabe, darüber zu reden! Aber deshalb ... Na ja, deshalb habe ich ... Angst.«
»Aber Fanny, wenn ich das gewusst hätte, hätte ich nie ...«
»Ich bin dabei.«
»Bist du dir sicher?«
»Ja.«

BUSGESTÄNDNISSE

Mit Ausnahme von Capucine freuten sich alle, dass ich mitkam. Ich setzte mich im Bus neben Françoise und wir redeten die ganze Fahrt über. Irgendwann fiel mir auf, dass wir uns zum ersten Mal so richtig unterhielten. Und weißt du was? Ich glaube, es hat mir gefehlt, mit einem Mädchen zu reden. Ich meine, einem Mädchen in meinem Alter.

An einem gewissen Punkt verstummten wir und Françoise schaute aus dem Fenster auf die Landschaft. Und ohne groß zu wissen, warum ich es tat, zückte ich mein Heft und zeichnete ihr Gesicht, halb im Profil.

»Was machst du da?«
»Nichts. Ich zeichne.«
»Kann ich mal sehen?«

Ich zögerte. Denn mein Zeichenheft ist das Intimste, was ich habe – abgesehen von der Unterwäscheschublade und meinem Tagebuch.

»Ähm, okay.«

Ich reichte ihr mein Heft und kaute auf dem Radiergummi am Ende meines Bleistifts herum. Wenn ich nervös bin, muss ich immer irgendwas machen.

»Hey, bin ich das?«
»Ja.«

»Das ist gut.«
»Findest du?«
»Wirklich. Ist es dein Tagebuch?«
»Nein, nur ein normales Heft. Aber ich habe auch ein Tagebuch. Darin zeichne ich auch, aber … Ach, das ist schwer zu erklären.«
»Ich habe auch ein Tagebuch.«
»Im Ernst?«
»Ja. Aber zeichnen kann ich nicht.«
»Oh, ich kann es dir zeigen, wenn du magst.«
»Gern.«

Ich ließ Françoise mein Heft durchblättern
und meine Zeichnungen anschauen.
Alle.

Mir war etwas mulmig. Ich hatte meine Zeichnungen noch nie jemandem gezeigt. Nicht mal Leonie, wenn du es genau wissen willst.

Nein,
nicht mal Leonie.

Françoise findet, dass meine Zeichnungen etwas ganz Eigenes haben und dass ich an mich glauben müsse. Es war mir peinlich, dass sie das sagte. Ich zeichne nicht für andere – sondern nur, weil ich finde, dass es Dinge gibt, die man schwer in Worte fassen kann. Aber da ich nicht wusste, wie ich das ausdrücken sollte, wechselte ich schnell das Thema.

»Ich begreife nicht, wie du eine so verrückte Schwester wie Capucine haben kannst.«

»…«

»Ich meine, du bist echt nett und Capucine ist das krasse Gegenteil.«

Françoise drehte sich vorsichtig zu ihrer Schwester um, als wollte sie überprüfen, ob sie uns hören konnte. Capucine hatte riesige Kopfhörer auf und man konnte *Adele* bis vorn im Bus hören. Trotzdem flüsterte Françoise vorsichtshalber nur.

»Meine Schwester war noch nie gut darin, sich bei anderen beliebt zu machen.«

»Ja, ähm … Ist mir aufgefallen.«

»Und das war schon so, als wir noch klein waren.«

Françoise zögerte kurz. Ich merkte, dass sie sich fragte, ob sie mir etwas anvertrauen konnte.

»Ich schwöre dir: Sie würde mich umbringen, wenn sie es hören würde, denn sie will nicht, dass jemand es weiß. Sam schon, aber sonst keiner. Das ist eine Art Pakt in meiner Familie …«

»Françoise, red nicht so schnell, ich verstehe nur Bahnhof.«

»Meine Schwester hat Epilepsie.«

»Was?«

»Ja, und ich glaube, sie ist deshalb irgendwie die ganze Zeit so aggressiv.«

»Epilep-was? Das ist eine Krankheit, oder?«

»Ja, eine neurologische Erkrankung, die nicht nur ihr, sondern auch meinen Eltern das Leben schwer macht. Sie machen sich ständig Sorgen.«

»…«

»Capucine muss täglich Medikamente nehmen, immer zur gleichen Zeit, sonst bekommt sie echt schlimme Anfälle.«

»Schöne Scheiße.«

»Tja, du kannst dir nicht vorstellen, wie es aussieht, wenn sie einen Anfall hat, Fanny.«
»Und du? Hast du das auch?«
»Nein, ich nicht.«

Françoise blickte auf den Boden.

»Früher ... Als ich klein war, habe ich mir manchmal gewünscht, auch krank zu sein. Nur damit meine Eltern sich auch um mich Sorgen machen. Damit sie nachts an mein Bett kommen, um nach mir zu sehen, mich nicht allein Rad fahren lassen oder mir ständig Nachrichten schicken, wie sie es bei meiner Schwester tun.«
»Du wolltest sicher nur ...«
»Auch Aufmerksamkeit bekommen, glaube ich, keine Ahnung ...«

Françoises Augen wurden feucht. Ich weiß nicht, warum, aber ich legte meine Hand auf ihre.

»Du Arme.«
»...«
»Du findest es vielleicht zu hart, Françoise, aber ich finde nicht, dass es ihr das Recht gibt, sich so aufzuführen.«
»Ja, ich weiß. Seit der Sache mit Sam ist es noch schlimmer geworden. Ich glaube, früher war sie weniger gemein. Aber genau kann ich es nicht sagen ...«

Um nicht aufdringlich rüberzukommen, zog ich meine Hand zurück und schwieg, obwohl Françoise sicher spürte, dass ich gern mehr hören wollte.

»Als Sam vor ungefähr zwei Jahren nach Japan kam, hat Capucine sich sofort in ihn verknallt und wurde plötzlich total nett, wie eine bessere Version von sich selbst ... Sie und Sam waren fünf Monate zusammen.«

»Okay, und wieso ging es zu Ende?«
»Capucine wurde mega-eifersüchtig, völlig grundlos.«
»Auf wen?«
»Auf mich.«
»Aber warum?«
»Keine Ahnung, ich schwör's! Sam und ich haben uns immer gut verstanden, mehr nicht! Aber meine Schwester hat es nicht ertragen, dass wir uns mochten, und auf Dauer wurde Sam ihre Eifersucht zu viel und er hat Schluss gemacht.«
»Und das hat sie nicht verkraftet.«
»Nein. Sie hat es nie akzeptiert und ist so geworden, wie sie jetzt zu allen ist.«
»Du meinst, bösartig?«
»Ja, könnte man so sagen.«

Ich drehte mich zu Capucine um, als würde mir das helfen, sie besser zu verstehen.

> Vielleicht sind Leute,
> die zu allen um sich herum fies sind ...
>
> einfach nur Menschen mit
> einem gebrochenen Herzen.

»Du, Françoise ...«
»Was ist?«
»Falls du auch auf Sam stehst, sag es mir bitte, okay? Ich meine, ich wäre nie mit ihm zusammen, wenn ...«
»Fanny, meine Schwester hatte was mit Sam. Somit ist er für mich tabu. Er ist nur ein Freund, mehr nicht. Geht doch auch, oder?«

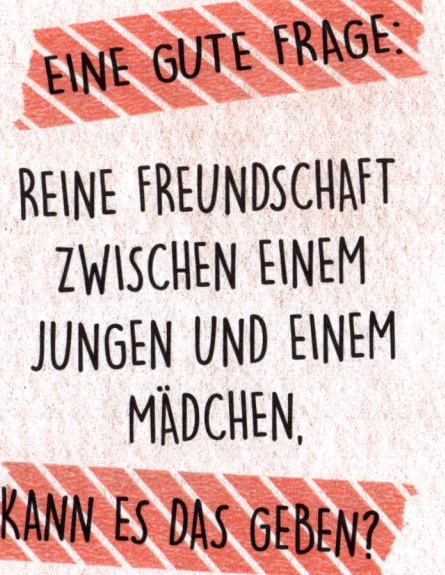

EINE GUTE FRAGE:

REINE FREUNDSCHAFT ZWISCHEN EINEM JUNGEN UND EINEM MÄDCHEN, KANN ES DAS GEBEN?

Natürlich hatte ich genau begriffen, was Françoise mit »hatte was mit Sam« angedeutet hatte, aber ich wollte auf Nummer sicher gehen:

»Sie war mit ihm zusammen?«
»Ja, er und sie haben sogar miteinander … Oh, das hätte ich dir besser nicht verraten. Aber da es die ganze Schule weiß …«
»Kein Problem, ich … Ich bin froh, dass ich es weiß.«

OMG, ich hätte es lieber nicht gewusst! Jetzt hatte ich erst recht Grund zu der Befürchtung, dass Sam auch bei mir viel zu schnell vorpreschen würde. Aber gut, wechseln wir das Thema, sonst muss ich an Dad denken, der dauernd sagt, ich neige zu überstürztem Handeln (bla, bla, bla). In diesem Punkt würde ich vorläufig gern vorsichtig sein.

Aber weiter: Ungefähr eine Stunde – und viele Vertraulichkeiten – später kamen wir fünf in Osaka an, einer Stadt gut fünfzig Kilometer von Kyoto entfernt. Sie liegt an der Bucht von Osaka, die sich zum Pazifik öffnet, in dem es eine phänomenal große Anzahl von Grönlandwalen gibt.

OSAKA

Dad hatte sich mit Sam am Eingang zum Hafen verabredet und als er sah, dass ich mitgekommen war, bekam er fast einen Herzinfarkt.

»Fanny, was machst du hier? Sam, hast du ihr nicht gesagt, dass wir …«
»Doch, Dad, Sam hat es mir gesagt.«
»Und du … Du willst mitfahren?«
»Ja, Dad.«
»…?«
»Mach nicht so ein Gesicht. Oder kriegst du gleich einen Herzinfarkt?«
»…«
»O Mann, fang nicht an zu heulen. Wäre mir peinlich.«
»Fanny, das ist … das schönste Geburtstagsgeschenk, das du mir machen konntest, Spatz.«
»Geburtstagsgeschenk? Shit. Dein Geburtstag …«

ICH VERGESSE REGELMÄSSIG DADS GEBURTSTAG, Jahr für Jahr.

> Ich weiß. Allein schon, wenn ich es schreibe!
> Ein Wahnsinn, dass ich es heute gepackt habe.

Die gute Nachricht ist, dass ich ihm diesmal kein Geschenk kaufen muss, damit er mir verzeiht. Er war überglücklich, dass ich zu seinem Bootstrip mitkam, und als er von seinen Forschungen erzählte, tat er das mit einer Begeisterung, die ich bei ihm nie gesehen habe, als er in Montreal noch Nähmaschinen reparierte.

Ich gebe zu, dass meine Verlegenheit, Dad am Kai von Osaka heulen zu sehen, einer großen Dosis Stolz wich. Endlich begriff ich, warum er in den letzten Monaten so verbissen gearbeitet hatte. Will sagen ...

Ich weiß nicht, ob Dad wirklich der große Held ist, den Sam in ihm sieht, aber zumindest versucht er, etwas zum Wohle der Menschheit zu tun.

**SEIN PLAN:
DIE GENE VON
WALEN UND QUALLEN
IN MÄUSE
ZU VERPFLANZEN.**

kurz gesagt: Wie ich heute erfahren habe, ist mein Dad ein Autodidakt – jemand, der sich alles selbst beigebracht hat. Wie das? Nun, er hat eine unglaubliche Menge an Informationen gesammelt, indem er an massenhaft Konferenzen teilgenommen und tonnenweise Bücher über die langlebigsten Tiere auf diesem Planeten gelesen hat.

»Aber hör mal, Dad, du wirst doch nicht etwa ... Mäuse quälen, oder?«
»Fanny, nein. Wenn alles gut geht, werde ich das Forschungszentrum koordinieren, das Dimitri und ich nächstes Jahr gründen. Wir nennen es *Stiftung zum Stoppen des Alterungsprozesses*.«
»Aha, blöder Name für eine Firma, Dad.«
»Das war Dimitris Idee. Übrigens, Sam, du musst wissen, dass ohne deinen Vater nichts von dem, was ich erzählt habe, möglich wäre.«

Ich drehte mich zu Sam. Sein Grinsen sagte mir, dass er sich freute zu hören, dass sein Vater auch etwas Gutes tat.

In diesem Moment kam Yoko am Anlegeplatz an und fragte, ob wir bereit zur Abfahrt seien. So kam es, dass ich mich, ohne es wirklich zu wollen, an Bord wiederfand von

Mizu ga jôsho suru to, hato wa, ogoji koto o yarismashita.

Übersetzung:
Wenn das Wasser steigt, steigt auch das Boot.

Ich sagte zu Yoko, dass das meiner Meinung nach ein ziemlich langer Name für ein Boot sei. Sie antwortete mir, dass ihre Organisation auf einen aussagekräftigen Namen Wert gelegt hatte.

»Wir wollen all die Walfänger wissen lassen, dass die Wale stärker sein werden als sie. Verstehst du, Funny?«
»Ich denke, schon. Sie sollen begreifen, dass die Wale sich anpassen werden, richtig?«
»Genau! Wie du und Japan vielleicht, Funny!«
»Na ja, man wird sehen.«
»...«
»Ich finde es cool, was du machst, Yoko. Für die Wale ... und auch für meinen Vater ...«

Als ich das sagte, entfernten wir uns bereits vom Ufer. Ich schloss die Augen und drückte Sams Hand so fest, dass sie ganz weiß wurde. Doch er hielt Wort und ließ meine Hand nicht los, auch wenn es sicher nicht schön ist, taube Finger zu haben.

ICH DACHTE, MEIN HERZ WÜRDE ZERSPRINGEN UND AUS MEINER BRUST HÜPFEN,

als wir aus der Bucht fuhren und keine zwanzig Meter vor uns ein riesiger Wal aus dem Wasser auftauchte.

Meine Gefühle an diesem Nachmittag
auf dem Wasser werde ich nie vergessen.

Ein Teil von mir
begann zum ersten Mal zu atmen.

Auch Capucine wird sich ihr Leben lang daran erinnern! Eine **GANZE** Stunde lang hing sie über der Reling und übergab sich, während Leif ihr den Rücken rieb – der Arme hat vermutlich keinen einzigen Wal gesehen. Doch Françoise hat alles gefilmt und mindestens 250.000 Fotos geschossen, also kein Grund zur Panik.

Übrigens ist es jetzt offiziell:

Auch während sie ihr komplettes Mittagessen dem Ozean übergab, schaffte sie es, mir per Blicken mitzuteilen: *Ich werde es dir heimzahlen, Fanny. Ich schwör's!*

Aber das Wichtigste heute ist, dass Dad und ich eine Art Pakt fürs Leben geschlossen haben. Wir werden meine Mutter nie vergessen, aber wir werden auch versuchen …

DER HORIZONT

ALS ICH SAH,
WIE DAD YOKO ANSCHAUTE,
WURDE MIR KLAR,
DASS SIE NUN
ZU SEINEM HORIZONT GEHÖRT.

UND DAHER ZWANGSLÄUFIG
AUCH ZU MEINEM.

Sie liebt Wale
und kann folglich kein so schlechter Mensch sein.

Ich fürchte, ich werde es nie schaffen, eines Tages so weise zu werden wie die alte Manaka. Aber eins weiß ich ganz sicher: Indem ich heute die größte Angst meines Lebens überwand, schaffte ich es, einen großen Teil des Sturms hinter mir zu lassen, um diese Brise zu spüren, die meine Mutter so sehr liebte.

Die Brise des Ozeans.

PS:
Morgen Abend Pizzaessen bei Sam. Alle werden da sein. :))
Sogar mein Dad – dieses eine Mal bin ich einverstanden, aber Sam musste mir VERSPRECHEN, ihn nicht überallhin mitzuschleppen. Ich meine, nur weil mein Dad versucht, die Menschheit zu retten, muss er noch lange nicht wie eine Klette an mir hängen.

Und ja, Sam und ich werden den Tag morgen zusammen verbringen. Er will mir seinen Lieblingsort in Kyoto zeigen.

ICH WEISS, was du denkst, Tagebuch. Ich muss es Henri sagen.

Das weiß ich selbst, okay?

F. x

Samstag, 15. April
17:03 Uhr

(Mini-)Krise
in einem (heiligen) Tempel

»Fanny, alles okay?«
»Mhmm, wieso?«
»Ich weiß nicht. Irgendwie habe ich das Gefühl, dass es dir peinlich ist, in der Öffentlichkeit meine Hand zu halten. Oder täusche ich mich?«

Als Sam mich das heute Nachmittag fragte, mitten in der ältesten Tempelanlage von Kyoto, musste ich mich eisern beherrschen, um nicht zu antworten:

„Ja, du täuschst dich!
Wieso sollte es mir peinlich sein?
Wir sind am anderen Ende der Stadt,
in einem riesigen Tempel!
Ich bin umgeben von Millionen von Touristen
und es besteht kein Risiko, dass ich die EINZIGE Person treffe,
die sich daran stören könnte, dass MEINE Hand
in DEINER liegt, und diese Person heißt ... HENRI."

Doch statt die Wahrheit zu sagen, antwortete ich nur:

»Willst du es wirklich wissen?«
»Ja.«
»Also, ich weiß, dass du mit Capucine **GESCHLAFEN** hast, okay? Und ich denke, dazu bin *ich* nicht bereit. Der Gedanke daran macht mir Angst und ich weiß auch nicht, ob sich das eines Tages legt. Na ja, vielleicht schon, aber vorläufig bin ich einfach zu ... durcheinander! Und dass du mich zwingst, darüber zu sprechen, irritiert mich noch mehr und deshalb lasse ich deine Hand immer wieder los. Ende dieses Themas.«
»Wow, das war aber eine lange Antwort.«
»Ich weiß.«
»...«
»Alle schauen her, Sam. Ich fürchte, ich war zu laut.«

Lächelnd beugte Sam sich vor und küsste mich. **AUF DIE WANGE**, Tagebuch. Das war das Tollste, was er in dieser Situation machen konnte, und er hat es gemacht! Im Ernst, dieser Junge ist einfach zu perfekt – hab ich es nicht gesagt?

Statt mich zu beruhigen oder mich glücklich zu machen (immerhin hatte Sam mir zu verstehen gegeben, dass ich mir keine Sorgen zu machen brauche und er **NICHTS** von mir erwartet!), führte dieser Kuss dazu, dass ich mich noch tausendmal schuldiger fühlte, weil ich Sam noch nichts von der – angesichts der letzten Ereignisse nicht offiziell abgeschlossenen – Sache mit Henri erzählt hatte.

Ich holte lange und tief Luft und gerade als ich Sam alles erzählen wollte, ohne Rücksicht auf die Konsequenzen, trat er einen Schritt zurück und sagte:

»Komm mit!«

Ich blieb wie angewurzelt stehen und dachte:
Mann, Leben! Gib mir doch wenigstens *ein* Mal die Chance,
mich wie ein guter Mensch zu verhalten!

Aber gut, da Sam sich bereits in eine Art düsteren buddhistischen Wald verzogen hatte, blieb mir nichts anderes übrig, als meine guten Vorsätze von wegen Ehrlichkeit auf später zu verschieben.

454 Stufen später standen wir, er und ich, auf einer Aussichtsplattform, die mir den Schwindel meines Lebens bescherte. Und obwohl ich in meinem ganzen Leben praktisch noch nie etwas so Großartiges gesehen hatte, fand ich wieder mal die haargenau richtigen Worte, um alles zu ruinieren:

»Hmm, ich wette, dass du schon mit all deinen früheren Freundinnen hier warst, richtig?«

Schweigend ging Sam bis ganz nach vorn. Er schob die Hände in die Taschen und starrte vor sich hin. Obwohl ich wusste, dass ich ihn gerade verletzt und alles versaut hatte, nagelte mich mein verdammter Stolz fünf Meter hinter ihm fest.

»Ich weiß nicht, was du denkst, Fanny, aber seit ich in Japan bin, hatte ich genau *eine* Freundin, okay?«
»...«
»Und wenn du es noch genauer wissen willst: Wir waren immer nur an *ihrem* Lieblingsort. Hier war ich nie mit ihr, weil ich normalerweise nur allein herkomme.«

»Entschuldige …«
»Mal ehrlich, warum hast du solche Angst? Mit Capucine ist Schluss! Und was war, ist vorbei. Jetzt bin ich mit dir zusammen und fertig.«
»Ich weiß … Es liegt nicht an dir.«

Ohne groß zu überlegen, ging ich auf Sam zu. Ich legte den Kopf an seine Brust und hörte sein Herz schlagen, schnell. Er zog die Hände aus den Taschen und umarmte mich, wie um mir zu sagen, dass alles wieder gut war. Anschließend begann er zu reden, fast wie eine Art Museumsführer.

Sam erzählte, dass der Ort, an dem wir waren – der Goldene Pavillon –, im 14. Jahrhundert erbaut, dann aber von einem sehr erzürnten Mönch in den 1950er-Jahren in Brand gesteckt worden war.

Als die Menschen von Kyoto den Pavillon wiederaufbauten, beschlossen sie, ihn mit Blattgold zu überziehen.

Sams Meinung nach war das als Symbol gedacht, um der ganzen Welt zu zeigen …

DASS SELBST DIE GRÖSSTEN RUINEN WIEDERAUFGEBAUT WERDEN KÖNNEN, UND MANCHMAL *sogar besser, als sie früher waren.*

Als wir die Tempelanlage wieder verließen, quälte mich eine Frage, Tagebuch:

Kann es sein, dass ich nicht zu Sam
kein Vertrauen habe, sondern zu mir?
Nämlich in Bezug auf das,
was ich mir wirklich wünsche.

ICH WERDE EINEN
SCHLUSSPUNKT SETZEN
UNTER MEINE GESCHICHTE
MIT HENRI.

Und genau jetzt
– gleich nachdem ich hier fertig geschrieben habe –
werde ich es tun.

Ich weiß vielleicht nicht viel über die Liebe, Tagebuch,
aber eins steht fest:
Wenn ich nicht den Mut aufbringe, mit Henri zu reden ...

kann sich in mir nichts
wieder (besser) aufbauen.

Bis später (und drück mir die Daumen)
F. x

AUSTAUSCH VON NACHRICHTEN
15. April, 21:10 Uhr (Kyoto-Zeit)
15. April, 8:10 Uhr (Quebec-Zeit)

Fanny
> Hallo.

Henri
> Hallo?

Fanny
> Ich weiß nicht recht, ob ich dir schreiben darf.

Henri
> Wollte dir auch schreiben.

Henri
> Albert wurde eingeäschert.
> Ganz allein ... Und ich habe die Asche aufbewahrt.
> Ich habe getan, was ich konnte, denke ich.

Fanny
> Okay, danke.
> Wirklich, vielen Dank.

Henri
> Kein Problem.

Fanny
: Störe ich?

Henri
: Nö, nicht wirklich.

Fanny
: Was machst du gerade?

Henri
: Ich wachse mein Surfbrett.

Fanny
: Du surfst? Du?

Henri
: Auf dem Fluss. Dort gibt's eine gute Stelle, aber verrat's deinem Vater nicht. Bitte! Er würde es meiner Mutter sagen und die würde ausflippen.

Fanny
: Ich sag nichts, versprochen.

Henri
: Nur mein Dad weiß davon. Ich verstecke das Brett im Bowlingcenter.

Fanny
: Ich sag keinen Ton, keine Panik.

Henri
: Ich glaube dir, Fanny.

Fanny
: Klar, würde ich ihm nie sagen. Versprochen.

Henri
: Nein, ich meine ... Ich glaube dir, dass du es nicht warst. Ich habe deinen Brief gelesen.

Henri
: Warum sagst du nichts?

Fanny
: Ich stehe nur leicht unter Schock, glaube ich.

Fanny
: Ich wollte es dir schon seit Monaten sagen.

Henri
: Ich weiß.

Henri
: Wir sind sehr weit weg voneinander ...

Fanny
: ... ich weiß

Henri
: Du fehlst mir.

Henri
> Du sagst gar nichts?

Ich wusste echt nicht, ob es eine »gute« oder eine »weniger schlimme« Art gab, es Henri zu erzählen, Tagebuch. Deshalb habe ich spontan losgetippt:

Fanny
> Ich habe jemanden getroffen.

Fanny
> Henri! Sag etwas, bitte!

Fanny
> Mist, ich wusste, dass du nichts sagen würdest. Und ich allein dasitzen würde.

Fanny
> Na schön, tun wir genau das, schweigen wir.

Henri
> Was soll ich dazu sagen?

Henri
> ???

Fanny
> Ich weiß nicht.

Fanny
> Es ist ein cooler Typ, der es nicht verdient hat, dass ich ihn anlüge.

Fanny
> Und du verdienst es auch nicht, dass ich dich anlüge. (:

Henri
> Du, ich muss los. Tommy wartet. Pass auf dich auf, Fanny. xxo

ENDE UNSERER KOMMUNIKATION

Ich höre jetzt auf, weil es nichts mehr zu schreiben gibt und weil mein stressiger Dad (der es nicht schafft, ein eigenes soziales Leben zu haben) an der Tür steht und auf mich wartet. Iiih, ich kann sein Rasierwasser bis hierher riechen.

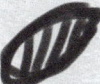

»Fanny-Schatz! Können wir los? Was machst du?«
»Mann! Ich schreibe jemandem, Dad! Gibst du mir noch dreißig Sekunden?«
»Schnell, Süße, wir kommen zu spät. Wem schreibst du?«
»... Leonie, okay? Geht dich aber nichts an. Du kommst zu **MEINER** Einladung mit, also entspann dich!«

Er ist manchmal echt anstrengend.

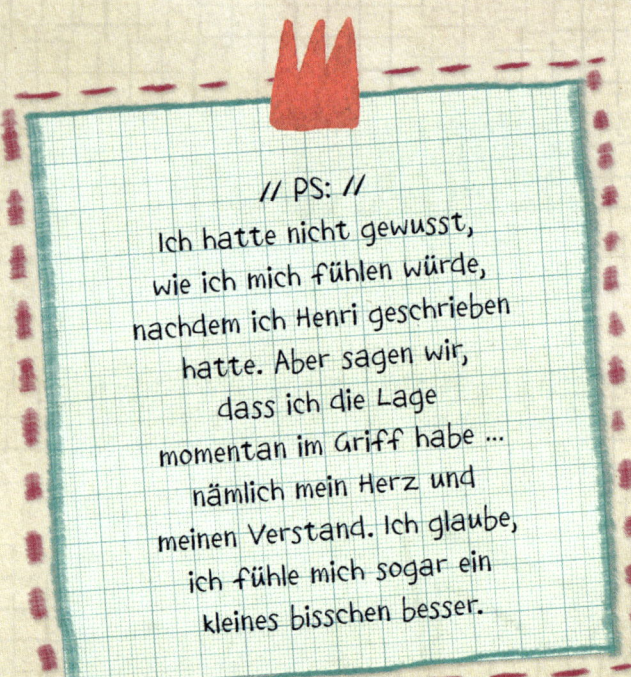

// PS: //
Ich hatte nicht gewusst, wie ich mich fühlen würde, nachdem ich Henri geschrieben hatte. Aber sagen wir, dass ich die Lage momentan im Griff habe ... nämlich mein Herz und meinen Verstand. Ich glaube, ich fühle mich sogar ein kleines bisschen besser.

Ich gehe jetzt zu Sam, es ist unser Pizza-Abend.
Vielleicht schreibe ich dir anschließend noch mal, Tagebuch.

F. x

Sonntag, 16. April
10:30 Uhr

EIN ABEND
ENTPUPPT SICH ALS RIESENFIASKO

„Ich schäme mich echt, dass du meine Schwester bist."

Ich glaube, das waren die letzten Worte, die gestern Abend fielen, bevor wir alle aus dem Büro von Sams Vater geworfen wurden, dann aus dem Souterrain und schließlich aus dem Haus. Die Worte oben kamen natürlich von Françoise.

Um es kurz zu machen: Der Pizza-Abend von gestern war zu Ende, noch bevor er überhaupt begonnen hatte, sprich: mit einem Riesenfiasko. Und diesmal gibt es keine Chance, hörst du, Tagebuch? KEINE CHANCE, dass ich auch nur einen Hauch von Empathie für Capucine empfinde.

Gleich als ich mit Dad bei Sam ankam, spürte ich, dass etwas nicht stimmte.

»Hallo, Sam! Sag mal ... Willst du mich nicht begrüßen?«
»Die Pizza wird kalt. Alle sind schon da. Hubert, darf ich Ihren Mantel nehmen?«
»Und was ist mit meinem? He, Sam ... Ich rede mit dir.«

Die Gleichung hätte nicht leichter zu lösen sein können: Nach einem absolut traumhaften Nachmittag war Sam zwei Stunden später total abweisend und so distanziert, als hätte ich plötzlich 356 Pickel im Gesicht.

Ganz klar, dass jemand etwas gesagt oder getan hatte.

Als Sam ins Esszimmer flitzen wollte, griff ich nach seiner Hand. Ich wollte mit ihm in die Küche gehen, weil ich keine Sekunde länger warten konnte, um zu erfahren, was los war. Ich flüsterte, auch wenn mir Katastrophen in der Öffentlichkeit seit dem Desaster mit dem armen Bonsai keine Angst mehr machen.

»Sam, was ist denn los?«
»Nichts, wieso? Was los ist, weißt du selbst am besten.«
»Ich? Wieso bist du *so* kühl? Wir haben einen wunderschönen Nachmittag verbracht! Und dann komme ich hier an und du bist wie ausgewechselt.«
»Ich weiß nicht, was du meinst, Fanny.«
»Ach was, verarsch mich nicht!«
»Ach, ich dachte, das sei deine Spezialität, Fanny.«

Sam schüttelte meine Hand ab und ich stand ratlos in seiner Küche, mit massenhaft Fragen, auf die ich keine Antwort bekam. Er war zu den anderen ins Esszimmer gegangen und hörte mit religiösem Eifer Leif zu, der mit Fingern, von denen Tomatensoße tropfte, die zum Gähnen langweilige Geschichte von seiner ersten Pizza Margherita zum Besten gab.

— UND DA GINGEN PLÖTZLICH DIE GÄULE MIT MIR DURCH. —

Mir wurde klar, dass nur Capucine für Sams plötzliche und unerklärliche Wut verantwortlich sein konnte. Genau, wo war sie? Was hatte sie ihm wohl erzählt? Jedenfalls sprang ich auf, natürlich ohne die leiseste Ahnung, was ich tun oder sagen würde. Ich schlug mit beiden Fäusten mit voller Wucht auf den Tisch.

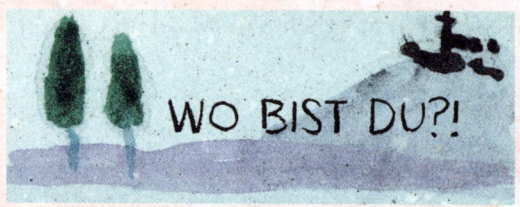

Dad sah mich entgeistert an, legte sein Pizzastück sehr vorsichtig auf den Teller zurück und erhob sich ebenfalls – eindeutig erschrocken, da seine Karriere keinen zweiten diplomatischen Zwischenfall bei Dimitri überleben würde.

»Schatz, was immer auch passiert ist, beruhige dich bitte. Wir werden eine Lösung finden.«

Ohne ihn eines Blickes zu würdigen, lief ich aus dem Zimmer und nahm mir vor, erst dann zurückzukehren, wenn ich die **GANZE WAHRHEIT** wüsste. Als Sam, Leif und Françoise mich so überstürzt vom Esstisch weglaufen sahen, rannten sie mir natürlich nach.

Wild entschlossen riss ich sämtliche Türen auf, während ich ihren Namen rief. Tagebuch, ich schwöre, dass ich noch nie in meinem ganzen Leben so wütend gewesen war: Ich würde keine Ruhe geben, bis Capucine mir gebeichtet hatte, wie sie es angestellt hatte, Sam und mich auseinanderzubringen!

»Wo steckst du, Capucine?! Ich will wissen, was du Sam erzählt hast! Los, zeig dich, du egoistisches, verlogenes Miststück!«
»Mensch! Reg dich wieder ab ...«

Als ich merkte, dass Capucines Stimme aus dem Souterrain kam, flitzte ich die Treppe hinunter. Dann endlich sah ich sie: Beide Hände in die Hüften gestützt, stand sie im Türrahmen von Dimitris Büro. Ich musste mich unheimlich zusammenreißen, um ihr nicht an die Gurgel zu gehen.

»Was hast du Sam erzählt? Los, spuck's aus!«
»Och, nur die Wahrheit, Fanny ... Etwas, das du mir selbst erzählt hast; erinnerst du dich nicht? Am ersten Abend, auf der Toilette.«
»Sag mal, spinnst du?! **WAS** redest du da?«
»Sam ist ein Freund von mir und ich finde, er hat das Recht zu erfahren, dass du in Quebec schon einen Lover hast. Wie hieß er noch gleich ... Henri? Richtig?«

SCHWEIGEN

Ich wusste nicht, wo ich anfangen sollte,

um Sam das alles zu erklären – und natürlich auch Leif und Françoise, die sich ebenfalls fragten, was los war. Mir fehlten die Worte, was Capucine, die mich mit einer Mischung aus Schadenfreude und Herablassung beäugte, natürlich ungemein freute.

»Du weißt **NICHTS** über mein Leben, Capucine! Mit diesem Henri ist Schluss, okay?! Sam, du musst mir glauben. Hier, schau in mein Handy, du kannst alles nachlesen, wenn du möchtest. Ich habe ihm vorhin geschrieben und von uns beiden erzählt.«

Erst als ich mein Handy aus der Tasche zog, wurde mir klar, dass ich Sam soeben verraten hatte, dass ich ihm gegenüber nicht ganz ehrlich gewesen war.

»Nein, es ist nicht, wie du denkst, Sam. Ich meine, ich kann dir alles erklären…«

Ich verstummte betreten, als mir bewusst wurde, dass jedes Wort, das aus meinem Mund kam,

mich in Sams Augen noch mehr belastete
und mich in Capucines Augen
noch dümmer dastehen ließ.

Ich holte tief Luft, während ich ihr einen vernichtenden Blick zuwarf. Und als ich mir gerade überlegte, ob ich mich auf sie werfen (und ihr den *billigen* Leder-Minirock vom Leib reißen) sollte, durchdrang Dimitris Stimme das Schweigen.

»**WAS** habt ihr in meinem Büro zu suchen?«
»Papa, ich wollte ihnen gerade sagen … Ich war nicht drin, keine Sorge.«

Dad stand neben Dimitri. Und wie du weißt, Tagebuch, hat er absolut **KEIN** Talent, was Disziplin betrifft. Und als er nun versuchte, ebenfalls einen auf streng zu machen, wirkte er nicht sehr überzeugend …

»Ja, Leute, gehen wir wieder hoch.«

Aber Dimitri war wirklich stinksauer, viel saurer, als es normal gewesen wäre, würde ich sagen.

»Verschwindet aus meinem Haus!«
»…«
»Raus hier! Ich will keinen von euch mehr sehen.«
»…«
»Keinen! Und du, Sam, gehst sofort in dein Zimmer!«
»Ja, Papa.«

Verblüfft sah ich meinen Vater an. Ich weiß natürlich, dass Sams Vater an megavertraulichen Dossiers arbeitet, aber war das ein Grund, uns aus dem Haus zu werfen? Wie bitte?! Capucine ist schließlich keine FBI-Agentin!

Jedenfalls standen wir eine Minute später vor dem Haus und am Auto meines Vaters, der nach diesem Vorfall übrigens noch verwirrter zu sein schien als wir.

»Gut, dann fahre ich euch jetzt alle nach Hause.«
»Nein, Dad. Capucine kommt auf gar keinen Fall mit!«
»Pfff, als wenn ich Lust dazu hätte!«
»Ich bringe Capucine zu Fuß nach Hause. Ihr könnt fahren.«
»Gut, einverstanden. Und du, Françoise? Gehst du mit ihnen?«
»Nein.«
»Du kannst bei mir schlafen, wenn du möchtest.«
»Aber ja, du bist herzlich willkommen, Françoise.«

So kam es, dass Françoise nun in meinem Zimmer ist, nach dem schrägsten und traurigsten Pizza-Abend des Universums.

// PS: //
Bei uns zu Hause genehmigten Françoise und ich uns zwei große Becher Kakao und Marshmallows, um uns zu trösten. Ich erzählte ihr die ganze Sache mit Henri und auch, wie kompliziert es während der letzten Monate für mich gewesen war. Nachdem Françoise mir mit dem Mund voller Marshmallows versichert hatte, dass ich ihrer Meinung nach ein wahrlich anstrengendes Leben hätte, überredete sie mich, Sam unbedingt gleich anzurufen.

»Wie? Jetzt gleich?«
»Ja, sofort!«
»Françoise, kennst du nicht das alte Sprichwort, dass man über komplizierte Dinge erst mal eine Nacht schlafen soll?«

»Fanny, das Leben ist viel zu kompliziert, um sich an alte Sprüche zu halten. Okay? Du willst Sam doch behalten, oder?«
»Schon, ich ...«
»Magst du ihn, ja oder nein?«
»Ja.«
»Also ruf ihn an!«

Ich wartete, bis Françoise eingeschlafen war, bevor ich all meinen Mut zusammennahm und Sam anrief. Und ich gestehe, dass ich baff war, Tagebuch, als er tatsächlich drangin – im Gegensatz zu Henri, der mich so viele Wochen ignoriert hatte! Ich glaube, ich habe vor Müdigkeit ziemlich wirres Zeug geredet, aber ich schaffte es trotzdem, ihm alles zu erklären. Ich sagte ihm

Und ich weiß, dass Sam mir geglaubt ... oder vielmehr verziehen hat.

Ich musste ihm nur versprechen, nichts mehr vor ihm zu verheimlichen, und ich gab ihm mein großes Indianerehrenwort. Nachdem wir aufgelegt hatten, kam mir der Gedanke, dass ich Leonie gegenüber niemals dazu in der Lage wäre.

Mal ehrlich:
Wieso bin ich nicht fähig zu verzeihen?
F. x

Dienstag, 18. April
21:20 Uhr

Schnellstraße
des Herzens

»Dad, kann ich dir etwas sagen?«
»Aber ja, Zuckerschnute.«

Dad saß über seine Riesenenzyklopädie gebeugt, als ich heute Abend in die Küche kam. Seit zwei Tagen liest er ständig. Ich glaube, das ist seine Art, Emotionen aus dem Weg zu gehen.

  Bücher und sein Job sind ein bisschen seine Schnellstraße des Herzens, würde ich sagen.

»Ich habe vorhin die alte Manaka getroffen …«
»Fanny, also wirklich! So darfst du sie nicht nennen.«
»Ich weiß, sorry. Ich wollte sagen, dass ich gerade Yokos Mutter getroffen habe.«
»Ja, sie hat mir gesagt, dass du ihr im Garten hilfst. Richtig?«
»Ja, ein bisschen. Ich mache einiges falsch, aber das bringt sie auf andere Ideen. Mich auch.«
»Freut mich zu hören.«
»Es gibt Neuigkeiten vom Bonsai, Dad. Er ist wieder heil.«
»Super!«
»Du reagierst nicht sehr erfreut.«
»…«

Ja, stimmt. Nachdem ich sie Tag für Tag gebückt in ihrem Garten stehen sah, beschloss ich, ihr zur Hand zu gehen. Gartenarbeit soll ja therapeutisch wirken. Wird mir sicher nicht schaden. :)

»Dad, du wirkst ziemlich bedrückt, seit zwei Tagen schon.«
»Nein, nein, mach dir keine Sorgen.«
»Es ist wegen des Abends bei Dimitri, stimmt's?«

WENN MEIN DAD SEINE BRILLE ... ... ABNIMMT, IST ES EIN SICHERES ZEICHEN, DASS ER MIR ZU 110 % ZUHÖRT.

»Ich finde Sams Dad ziemlich unsympathisch. Er hatte keinen Grund, dermaßen auszuflippen.«
»Ja, es stimmt, dass er etwas ... rigide ist.«
»Ich bin froh, dass du nicht wie er bist.«
»Es kommt selten vor, dass du mir ein Kompliment machst, Fanny. Alles in Ordnung bei dir?«
»Jaja ...«
»Ist es, weil du mit Leonie gesprochen hast?«
»Nein, bestimmt nicht. Warum?«
»Bevor wir zu Sam gegangen sind, hast du gesagt, dass du mit ihr gesprochen hast.«
»Oh. Nein, ich ...«
»Ich finde es gut, dass du ihr verziehen hast.«
»Ähm ...«
»Weißt du, dass deine und Leonies Mutter auch mal einen großen Streit hatten?«
»Nein, wusste ich nicht.«

Dad vergaß ganz, dass er eben noch traurig gewesen war, und erzählte mir, dass Sylvie und meine Mutter sich mal heftig gestritten hatten. Vor meiner Geburt.

Echt, anfangs konnte ich es kaum glauben, aber meine Mutter und Sylvie waren anscheinend in denselben Mann verliebt. Und halte dich fest, Tagebuch: in ihn, Dad! Ein ganzes Jahr lang herrschte Funkstille zwischen ihnen! Und warum genau? Weil meine Mutter Dads Einladung zum Jahresabschlussball angenommen hatte, was Sylvie ihr sehr übel nahm.

»Und wie haben sie sich wieder versöhnt?«
»Ich habe deiner Mutter damit gedroht, mit ihr Schluss zu machen, wenn sie nicht den ersten Schritt macht.«
»Pfff, das glaube ich nicht! Du hast Mom doch geliebt!«
»Richtig. Aber sie und Sylvie waren beide todunglücklich. Außerdem hatte Sylvie längst einen anderen. Und ich wollte nicht, dass sie die schönste Freundschaft der Welt aufgaben, nur weil sie beide zu stolz waren.«
»Und ... das war alles? Daraufhin wurden sie wieder zu Freundinnen? Einfach so?!«
»Ja, innerhalb von zwei Minuten.«
»Oh.«

ICH WEISS, was du denkst, Tagebuch. Aber mit Leonie und mir ist es 3.250-mal komplizierter, oder?

Was, wenn meine Schnellstraße zum Glück mein Stolz ist?

Schnellstraße hin oder her: Ich brauche noch Zeit. Denn falls, ich sage *falls*, ich Leonie verzeihe, möchte ich mir hundertprozentig sicher sein, dass ich auch wirklich dazu bereit bin.

F. x

Freitag, 21. April

FLUCHT
AUF JAPANISCH

Gleich vorweg: Ich war es nicht, die geflohen ist. Aber das bedeutet nicht, dass ich nicht (zumindest teilweise) dafür verantwortlich wäre, was heute passiert ist. Sagen wir nur, Krieg oder nicht, ich hätte es mir nie verziehen, wenn ihr etwas zugestoßen wäre.

Ich rede von Capucine. Sie ist heute abgehauen.

Ich muss vorausschicken, dass ich seit Montagmorgen kein Wort mehr mit ihr geredet hatte, und das zog Kreise: Nach kurzer Zeit war Capucine einsamer als je zuvor, denn die Leute, die die Gerüchte über die Sache vom Samstagabend mitbekommen hatten, ließen sie ebenfalls links liegen.

Madame Clara bemerkte schließlich auch, dass ihre Tochter von allen geschnitten wurde, und sie sprach diesen Punkt mitten in einer Biologiestunde an.

»Ich spüre schon die ganze Woche eine gewisse Spannung in der Klasse. Was ist bitte schön los?«

— NATÜRLICH HAT SICH KEIN MENSCH GEMELDET. —

»Fanny, Capucine, hat vielleicht eine von euch beiden eine Ahnung, was seit Montag los ist?«

O NEIN...

»Ähm ... Nein, Madame.«
»Nein!«
»Vielleicht doch. Ich denke, dass es ... für alle besser ist, wenn Capucine unser Team verlässt. Ich spreche vom Sozialkunde-Projekt. Die Zusammenarbeit mit ihr funktioniert nicht.«
»Aha ... Und dafür kannst du uns doch sicher einen guten Grund nennen.«
»Der Grund ist der ... Also, mein Grund ist, dass Capucine gemein ist. Sie ist eine Lügnerin und nervt uns alle. Sogar den Jungen, in den sie verliebt ist! Das ist ... die Wahrheit.«

Es war ziemlich doof von mir, Sam mit reinzuziehen, das war mir klar.

Mir war auch klar, dass ich mich zuerst mit meinem Team hätte absprechen sollen, bevor ich Capucine rauswarf, aber als ich mich entschuldigen oder meine Aussage zurückziehen wollte, sprang auch Françoise auf.

»Ich bin derselben Meinung. Ich würde auch lieber ohne sie weitermachen. Sam, was meinst du?«

Ich musterte Capucine von der Seite: Sie saß mit verschränkten Armen da und tat betont gleichgültig, aber man sah ihr an, dass sie auf Sams Antwort wartete wie auf einen Urteilsspruch. Nach langem Schweigen sagte Sam, ohne aufzublicken:

»Ich denke auch, dass es besser wäre, wenn Capucine sich ein anderes Team sucht.«

Da läutete es und Capucine packte ihre Tasche, lief zu Leif und flüsterte ihm etwas ins Ohr, bevor sie wütend aus dem Klassenzimmer rannte – so schnell, dass Madame Clara sie nicht mehr aufhalten konnte.

Madame Clara: »Bleib hier, Capucine! Komm zurück, sage ich! Mit euch vier werde ich noch reden, glaubt mir!«

Als ich zehn Minuten später vor meiner Schale Reis saß, der unter einer nicht identifizierbaren rosa Pampe verborgen war, bekam ich ein schlechtes Gewissen, Tagebuch. Klar, ich hatte tausend gute Gründe für Capucines Ausschluss aus dem Team, aber ich hätte sie vielleicht nicht unbedingt bloßstellen müssen ...

 ... vor der ganzen Klasse.

Auch Sam und Leif fühlten sich anscheinend unwohl, da sie nur stumm auf ihre Teller starrten, ohne einen Bissen runterzukriegen. Gerade als ich mich fragte, wo Françoise steckte, kam sie in die Cafeteria gerannt.

»Cap... Capu...«
»Ja, Capucine. Beruhige dich, Françoise. Was gibt's?«
»Sie ist weg. In ihrem Schließfach lag das hier!«

Françoise hatte einen Zettel in der Hand.

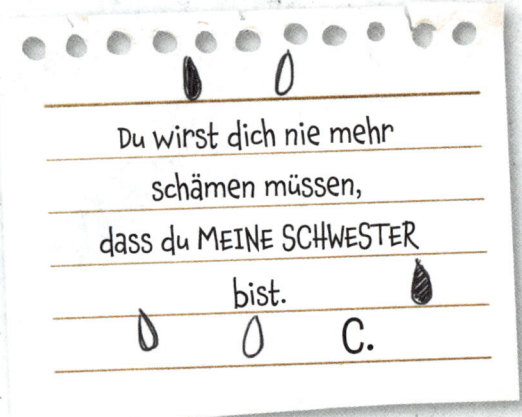

Du wirst dich nie mehr schämen müssen, dass du MEINE SCHWESTER bist.
C.

»Reg dich wieder ab! Wahrscheinlich braucht sie nur etwas frische Luft.«
»Du verstehst nicht, Sam! Sie hat ihre Medikamente dagelassen! Nur ihr Mantel ist weg, ihre Stiefel auch, aber ihre Tasche ...«

Als Sam das hörte, sagte er nichts mehr
(und ich glaube, er vergaß sogar zu atmen).

»Vielleicht hat sie die Medikamente vorher noch genommen?«
»Nein, ausgeschlossen. Sie muss sie immer um Punkt 13 Uhr nehmen!«
»Was soll das mit den Medikamenten? Ist Capucine krank?«

Françoise und Sam (wie aus einem Munde): »Sie nimmt ANTIEPILEPTIKA!«

»Ach ja, okay. Das hab ich nicht gewusst ...«
»Wenn sie die nicht pünktlich nimmt, bekommt sie einen Anfall. Shit ... Was, wenn das passiert und sie ganz allein rumläuft und keiner weiß, was mit ihr ist, mitten in der Stadt ...«
»Beruhige dich, wir lassen uns etwas einfallen.«
»Es ist zwanzig vor eins, das ist nicht gut.«
»Nein, ganz bestimmt nicht.«
»Ich geh und sag's deiner Mutter.«
»Nein! Mum würde mir nie verzeihen, wenn ihr etwas zustößt! Sie ist meinetwegen weggelaufen. Nur wegen mir ...«

Françoise begann zu schluchzen und Leif blickte in die Runde und sagte in einem todernsten Ton, den ich gar nicht von ihm kannte:

»Ich muss euch etwas sagen.«
»Was? Was?!!«
»Bevor Capucine ging, hat sie mir noch ... ihr Handy gegeben.«
»Hä? Warum das?«
»*I don't know.* Vielleicht ist eine Nachricht von ihr drauf.«

Leif holte Capucines Handy aus seiner Tasche. Wir wussten, dass wir keine Sekunde verlieren durften, und als wir dann merkten, dass es gesperrt war, gerieten wir in Panik. Doch Sam kannte zum Glück ihre PIN.

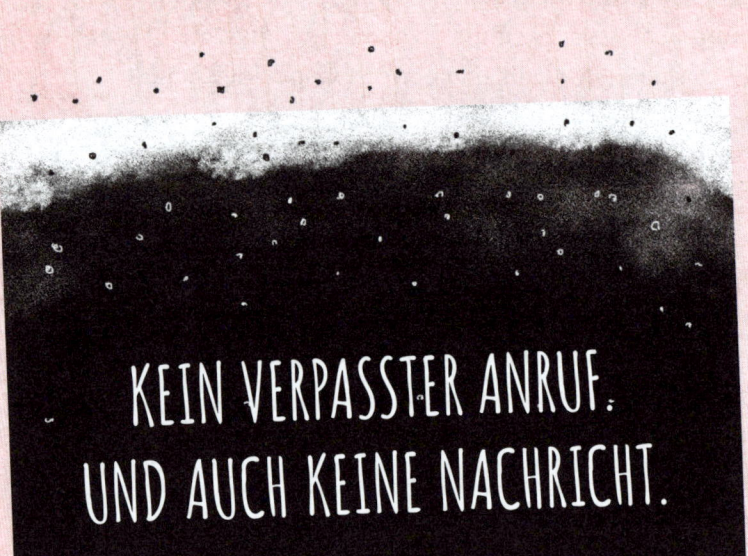

»Tut mir leid. Ich weiß nicht, warum sie es mir gegeben hat.«
»Gib her!«

Nervös tippte Françoise alle Apps auf Capucines Handy an. Als sie dann nach und nach und hoch konzentriert eine Reihe von Fotos durchguckte, wussten wir, dass sie etwas entdeckt hatte. Sam riss ihr das Handy aus den Fingern, um sie sich ebenfalls anzusehen.

»Was hat das zu bedeuten? Was ist das?«
»Ich bin mir nicht sicher, aber ich denke, es sind Fotos von den Forschungsunterlagen deines Vaters, Fanny. Sieh nur, Sam, diese Fotos wurden im Arbeitszimmer deines Vaters gemacht. Das sieht man, wenn man hier klickt.«

»Aha, *das* hat sie also im Arbeitszimmer deines Vaters gemacht? Sie hat fotografiert?«
»Aber ... warum?«
»Keine Ahnung, woher soll ich das wissen?!«
»Okay, aber es nützt nichts, uns das jetzt anzusehen! Wir müssen herausfinden, wohin sie gegangen ist.«

Als ich sah, welche Angst Sam, Françoise und Leif um Capucine hatten ... begriff ich, dass sie längst nicht so allein war, wie sie sich fühlte.

Statt lange über diese (megadubiosen) Fotos nachzudenken oder mir anzuhören, wie Françoise eine Liste der zehn schlimmsten möglichen Szenarien aufstellte, dachte ich angestrengt nach.

»Also, wenn ich traurig bin, verstecke ich mich gern in einem Kleiderschrank.«
»*What the* ... Was redest du da, Fanny?«
»Okay, Leute: Wohin geht man, wenn man traurig ist?«
»Fanny, es ist wirklich nicht der richtige Moment für Rätsel.«
»Ich weiß. Ich denke nur nach. Wohin geht man da?«
»Hmm, ich weiß nicht. Irgendwohin, wo man sich wohlfühlt, oder?«
»Sam, hast du nicht gesagt, dass Capucine mit dir immer an einen bestimmten Ort gegangen ist, als ihr zusammen wart?«
»Ja, in den Park der Füchse.«
»Was?«
»Ja, ich weiß, es klingt schräg, aber hier in Kyoto gibt es einen Park mit Füchsen und dorthin geht sie oft ... Hey, wenn wir gleich loslaufen, sind wir in zwanzig Minuten dort.«
»Okay, go, go, go! Nichts wie los!«

TEIL 2

Ein Beigeschmack von Endzeitstimmung mit gezähmten Füchsen im Hintergrund

Wir hatten nur zwei Fahrräder und folglich mussten Sam und Leif für vier in die Pedale treten. Françoise und ich feuerten sie von hinten an. Sam rief ein ums andere Mal: »Wir sind gleich da!«, doch das konnte Françoise, die wie hypnotisiert auf die Zeitanzeige ihres Handys starrte, nicht beruhigen.

»Wir sind da.«
»*Shit*, der Park ist geschlossen.«

Sam und Leif hatten vor einem imposanten Gittertor mit Vorhängeschloss abgebremst. Daran hing ein Schild:

Ich hab's übersetzt. Stand auf Japanisch da.

»*Kyomizu dera / Refugium für Füchse*«

Der Himmel hatte sich zugezogen und das machte diese Umgebung umso dramatischer – hey, als hätten wir das jetzt gebraucht. Françoise zerrte verbissen an dem Vorhängeschloss, aber das nützte natürlich nichts.

Ich zog meine Handschuhe aus und begann, an dem Gittertor hochzuklettern. Sam rief mir etwas zu, aber es war einer der Momente, in denen Nachdenken keine Option war.

»Fanny, das ist gefährlich. Warte, wir überlegen uns was anderes.«
»Lass mich, Sam. So was mach ich nicht zum ersten Mal!«

Während ich mich nach oben arbeitete, hatte ich plötzlich eine Art Déjà-vu. Als ich mich mit beiden Füßen abstützte und mich an die Metallstangen klammerte, schossen mir Bilder von Henri und Leonie durch den Kopf. Sie stammten von dem Abend, an dem meine beiden Freunde (und ich) ein ziemlich großes Risiko eingingen, als wir uns in den Garten des alten Birgman wagten.

Ich sah Henri wieder vor mir,
der auf der anderen Seite des Zauns
auf mich wartete,
obwohl er echt Schiss haben musste.

Leo, die sich
die Lunge aus dem Leib schrie,
weil sie das Schlimmste befürchtete.

Und ich dachte,
dass wahre Freunde im Leben genau das tun:

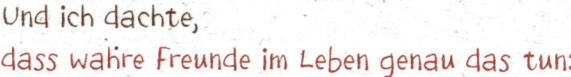

Sie riskieren Kopf
und Kragen für einen.

Dann war ich endlich oben angelangt und verharrte reglos, wie gelähmt von diesem Gedanken. Sam schrie etwas, doch ich hörte ihn nicht.

»Fanny! Was soll das? Komm wieder runter, du wirst dich verletzen!«

Wie hatte ich meine
zwei besten Freunde so schnell
und auch so ... leicht vergessen können?

Erst als mein Körper gute drei Meter ins Leere stürzte, wurde ich schlagartig in mein japanisches Leben zurückkatapultiert. Verflixt, jetzt hatte ich mich vermutlich ernsthaft verletzt, nur weil ich die Superheldin spielen wollte.

»Autsch! Mist, mein Knöchel!«
»Fanny, ich hab's dir doch gesagt! Beweg dich nicht! Wir holen Hilfe! Wir wissen ja nicht mal, ob Capucine überhaupt hier ist. Wie kommst du jetzt wieder da raus?«

Ich riss mich zusammen und richtete mich mühsam auf. Es stimmte – es war wirklich eher unwahrscheinlich, dass Capucine hier war und ich sie dann auch finden würde.

»Françoise, wirf mir die Tasche deiner Schwester rüber! Die mit den Medikamenten. Los, wirf!«

Françoise ließ sich nicht lange bitten und ich fing die Tasche im Flug auf. Bevor ich in den Park humpelte, drehte ich mich noch kurz zu meinen Freunden um, als würde mir das Mut machen. Mir wurde leicht mulmig, als ich sie davonrennen sah – vermutlich, um Hilfe zu holen –, aber ich tat alles, um meine Angst zu verdrängen.

Und glaub mir, Tagebuch: Dieser Park mit den vielen kahlen Bäumen hatte wirklich etwas Unheimliches. Nachdem ich zehn endlose Minuten im Kreis gelaufen war (ich fühlte mich fast wie in einem Labyrinth), sagte ich mir, dass ich mich sicher wieder mal massiv getäuscht hatte. Und es war kein gutes Zeichen, dass ich mich plötzlich bei einem Selbstgespräch ertappte:

»Was haben die für ein Problem, das hier einen Fuchspark zu nennen? Hä? Hier gibt's nichts als diese tristen Bäume! Wo seid ihr, ihr doofen japanischen Füchse?«

Ich hatte kaum ausgesprochen, als ich keine zwanzig Meter vor mir etwas Orangefarbenes, Längliches hinter einer Steinmauer verschwinden sah. Lautlos und vorsichtig tapste ich weiter, ohne zu merken, dass der düstere Wald einer großen Lichtung Platz gemacht hatte: Das hier musste das Refugium der Füchse sein.

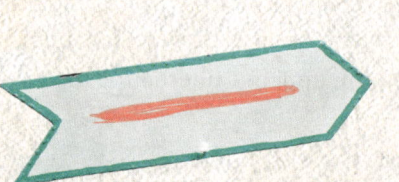

Und genau hier entdeckte ich sie.

Ein bisschen wie ein Fuchs mit geschärften Instinkten witterte sie meine Anwesenheit, schon bevor ich sie sah.

»Was willst du?«

Ich blieb eine gute Minute lang einfach nur stehen und wusste nicht, ob ich mich ihr nähern durfte und vor allem, was ich sagen sollte.

Sind Menschen manchmal vielleicht auch wie Füchse?

»Ich bin hier, um ... na ja, um mich zu entschuldigen.«
»Hau ab, Fanny. Ich brauche dein Mitleid nicht.«
»Hab auch gar keins. Aber ich weiß, wie du dich fühlst, glaub mir.«

»Du weißt nichts, Fanny, okay? Gar nichts.«

Als ich sah, dass Capucine für Worte nicht empfänglich war, dachte ich an damals, als Leonie mich so lange genervt hatte, bis ich unter der Decke hervorkroch, unter der ich drei Tage lang wegen Henri aus Liebeskummer geflennt hatte. Es hatte damals einen echten Anstoß gebraucht. Da dachte ich mir: Wenn es etwas gibt, was du im Leben gut kannst, Fanny Cloutier, dann ist es, Stürme heraufzubeschwören! Also **LOS**!

»Denkst du, du bist die Einzige, die Angst hat? Die ihr Leben hasst? Die das Gefühl hat, dass nicht alles **NACH WUNSCH** läuft? Irrtum, Capucine, das geht allen so! Okay? Und ab jetzt hast du zwei Möglichkeiten: Entweder du sitzt bei deinen Füchsen rum und heulst vor Kummer für den Rest deines Lebens oder du stehst auf, schaust zu, wie die Sonne auf- und untergeht, und versuchst, in der Zwischenzeit ein kleines bisschen glücklich zu sein!«

Capucine blickte weiter stur geradeaus an den Horizont. Im ersten Moment reagierte sie nicht und ich dachte schon, meine Taktik hätte versagt. Doch dann begann sie zu zittern. Ich begriff aber nicht sofort, was es bedeutete, weil mich ihre abweisende Haltung so frustriert hatte.

»Ich habe … ähm, vergessen, meine …«
»Ach, lass es, Capucine. Du bist ein hoffnungsloser Fall.«
»Nein, Fanny! Ich brauche dich.«
»Aha, das ist es. Du brauchst mich!«
»Ich habe meine Tasche in der Schule vergessen. Und darin ist etwas, das ich ganz dringend brauche … Sofort.«
»Oh.«
»Mensch, es ist ernst. Ich schwör's.«
»Nein, ich weiß, alles gut. Ich hab deine Medikamente dabei. Ah, entschuldige. Da rede ich endlos auf dich ein … Ist wieder mal typisch für mich! Manchmal bin ich echt das Letzte! Ich hatte nur …«

»Fanny, hör auf zu reden. Keine Ahnung, wie du an meine Tasche gekommen bist, aber gib mir endlich meine Medis!«
»Ach so, ja. Hier.«

Ich erspare dir die Details, Tagebuch, aber auch wenn ich zu viel gequasselt habe, konnte Capucine ihre Medikamente noch fast pünktlich nehmen. Und folglich schrammten wir (haarscharf) an einer medizinischen Katastrophe vorbei.

Nachdem das erledigt war, saßen wir noch eine Weile da und blickten eine geraume Zeit nur vor uns hin.

Nach einer Weile hat Capucine das Schweigen durchbrochen.

»Fanny, du blutest.«
»Ich weiß, ich bin gestürzt, als ich vorhin übers Gitter geklettert bin.«
»Welches Gitter?«
»Na, das Gittertor am Eingang des Parks, das mit dem Vorhängeschloss.«
»Ah.«
»Wie, ah?«
»Kleiner Tipp fürs nächste Mal: Man kann sich auch daneben durchs Gebüsch drücken.«
»Im Ernst?!«
»Ja, im Ernst!«

Ich starrte Capucine verblüfft an und plötzlich prusteten wir beide los. Ich konnte nicht mehr aufhören, obwohl mein Knöchel höllisch wehtat. Ich lachte weniger wegen des Gittertors, Tagebuch, sondern weil ich so froh war, dass ich mich vielleicht (ich sage vielleicht) mit Capucine versöhnt hatte. Und ich wusste, dass sie sich ebenfalls darüber freute.

Genau in diesem Moment kamen Leif, Françoise und Sam herbeigelaufen. Bei ihnen war ein Wärter, der übrigens kein bisschen glücklich darüber aussah, dass eine Bande von Jugendlichen in seinen Park eingedrungen war. Verblüfft blieben sie stehen, als sie sahen, dass wir lachten – damit hatten sie vermutlich am wenigsten gerechnet.

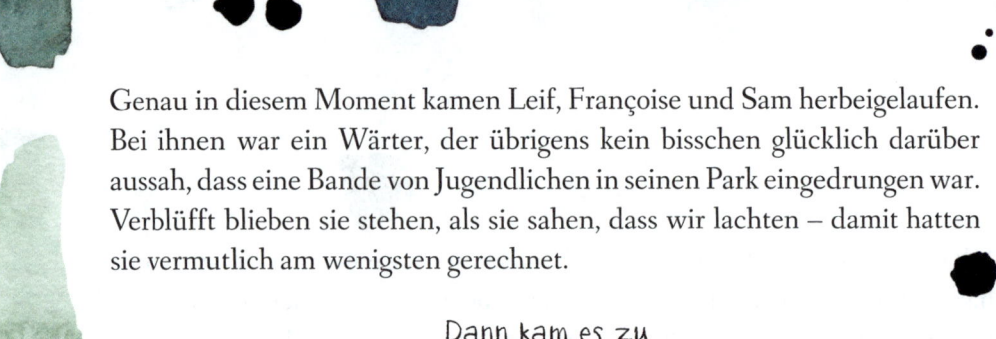

Dann kam es zu großen Versöhnungsszenen, innigen Umarmungen und großen Emotionen.

Unter den verblüfften Blicken des Parkwächters, der sicher **KEIN WORT** von dem verstand, was wir ihm erklärten – von Capucines Medizin, unserem Streit und ihrer Flucht, die genau genommen gar keine gewesen war.

Auf der Rückfahrt handelten wir uns böse Blicke ein, weil wir die Räder der Jungs mit in den Bus nahmen. Capucine saß neben Leif. Als wir ausstiegen, wandte sie sich an uns:

Langsam frage ich mich wirklich, ob zwischen den beiden etwas läuft.

»He, sagt mal ... Könnt ihr mir etwas versprechen?«
»...«
»Könnte das mit meiner Epilepsie ein Geheimnis bleiben? Ich möchte nicht, dass es die ganze Schule erfährt.«

Françoise sah ihre Zwillingsschwester an.

»Okay, aber nur unter zwei Bedingungen.«
»Und die wären?«
»Erstens: Du versuchst, etwas netter zu sein. Ich meine es ernst.«
»Und zweitens?«

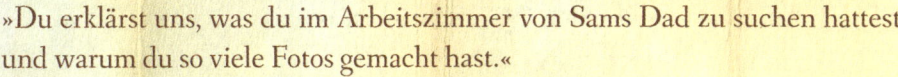

»Du erklärst uns, was du im Arbeitszimmer von Sams Dad zu suchen hattest und warum du so viele Fotos gemacht hast.«
»Ah.«
»Wie, ah?«
»Na ja, ich ...«
»Capucine!«
»Ich denke, dafür setzen wir uns besser hin.«
»Wir müssen uns setzen?«
»Ja. Wir suchen uns ein ruhiges Plätzchen, setzen uns hin und dann erzähle ich euch alles.«
»Na schön, geh du voraus.«

Als ich das hörte, beschlich mich eine komische Vorahnung, Tagebuch. Es ist definitiv kein gutes Omen, wenn jemand sich hinsetzen will, um über etwas zu reden, nicht wahr?

Weiß jeder.
F.

PS:

Im Bus habe ich ganz spontan beschlossen, Leonie zu schreiben. ICH SCHWÖR'S! Ich weiß nicht recht, wie ich es ausdrücken soll, aber mir war plötzlich klar geworden, dass ich sie auch irgendwie hintergangen hatte. Leonie, ja. Als ich die Postkarte geklaut habe, die sie aus New York an ihre Mutter geschickt hatte – da habe ich eigentlich nur an mich gedacht. Wie dem auch sei: Ich habe darüber nachgedacht und ich glaube, ich hatte Angst, es mir wieder anders zu überlegen, wenn ich es auf später verschob.

Hier nun in etwa, was ich ihr geschrieben habe:

Fanny, 14:31 Uhr

> Hallo, Leonie,
> kann im Moment nicht mit dir reden.
> Eine Mitschülerin ist abgehauen, aber wir haben sie
> gerade gefunden und ihr ihre Medikamente gebracht,
> in einen Fuchspark. Komplizierte Geschichte, ich weiß.
> Aber gib mir noch etwas Zeit, dann reden wir. Bis bald.

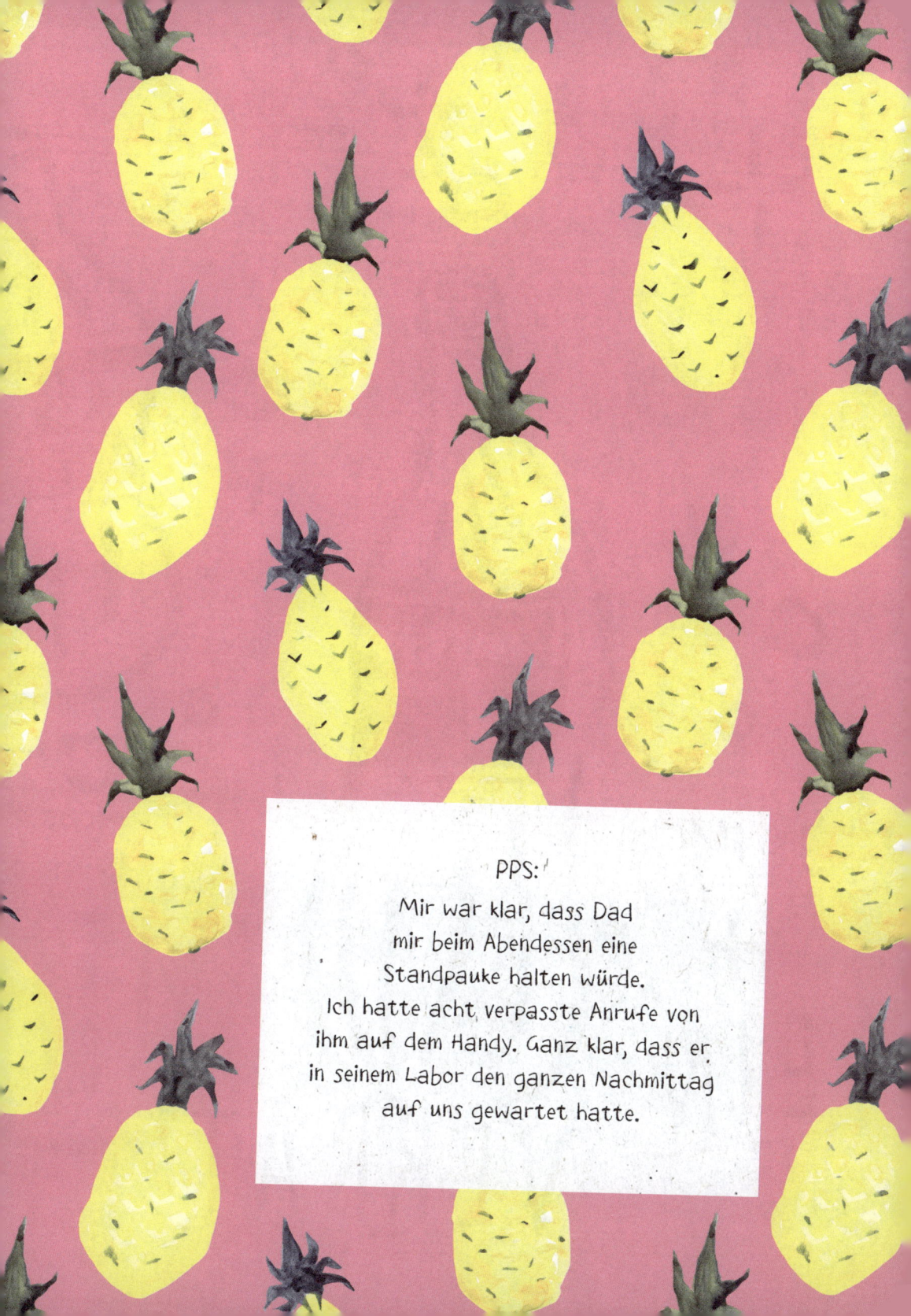

PPS:
Mir war klar, dass Dad mir beim Abendessen eine Standpauke halten würde. Ich hatte acht verpasste Anrufe von ihm auf dem Handy. Ganz klar, dass er in seinem Labor den ganzen Nachmittag auf uns gewartet hatte.

Es dauerte eine Ewigkeit, bis Capucine endlich den Mut aufbrachte, uns zu erzählen, was sie am Samstag im Büro von Sams Vater gemacht hatte. Aber sobald sie anfing zu erzählen, begriff ich sofort, Tagebuch. Ich begriff, dass ich eventuell kürzer in Japan sein würde als gedacht. Und auch, dass der Traum meines Vaters vielleicht nur an einem dünnen Faden hing: an meinem.

Ich weiß.
Ich muss ganz vorn anfangen.
Also gut.

Wir saßen alle fünf neben einem Berg von Kissen mit fünf Limos und gut zwanzig Katzen. Ja, Katzen. Leif hatte den Vorschlag gemacht, in ein *Neko Café* (Übersetzung: Katzencafé) zu gehen. Ehrlich, das gibt es wirklich und es ist extrem beliebt in Japan. Schräg, ich weiß.

— Aber das ist es nicht, was ich erzählen wollte. —

Capucine ließ alle zehn Fingerknöchel knacken, bevor sie endlich den Mund aufmachte. Wir waren genauso nervös wie sie: Da sie geduldig gewartet hatte, bis wir alle saßen, wussten wir, dass es um etwas absolut Wichtiges gehen musste.

Hätten sie und ich uns nicht vor knapp einer Stunde versöhnt, hätte ich geschworen, dass sie uns absichtlich auf die Folter spannte. Sam verlor schließlich als Erster die Geduld.

»Du wolltest warten, bis wir alle sitzen. Gut, tun wir. Und die zweihundert Katzen hier hören dir auch zu. Also, worum geht's, Capucine?«
»Ich weiß gar nichts mehr, Sam.«
»Na gut, dann weißt du eben nichts, aber rede! Was hast du im Büro meines Vaters gemacht?«

»Ich weiß nicht mehr, warum ich überhaupt reinging, aber ich weiß, was ich dort fand. Und die Wahrheit ist ... Es wird euch wehtun. Vor allem dir, Sam.«
»Falls das ein Witz sein soll, Capucine, dann ist es kein guter.«

Leif zog Capucines Handy aus seiner Tasche und legte es auf den Tisch. Er machte ein sehr ernstes Gesicht.

»Es ist kein Witz. Ich habe im Bus alles gelesen ... Capucine hat ein Dokument fotografiert, in dem die wesentlichen Punkte des Gründungskonzepts von Sams Vater zusammengefasst sind.«
»Das weiß ich alles, Leif. Und es ist außerdem auch das Projekt meines Vaters. Es geht darum, den Alterungsprozess aufzuhalten oder so ähnlich. Er hat mir davon erzählt.«
»Genau das ist das Problem, Fanny.«
»Wovon redest du?«
»Der Name deines Vaters taucht nirgends auf. Wirklich nirgends.«
»*Well*, nur an einer Stelle, wolltest du sagen.«
»Ja.«

Leif und Capucine hatten einen viel zu verschwörerischen Ton und sie wussten ganz eindeutig als Einzige, worum es ging.

»Ich denke, es sieht ganz danach aus, als hätte Sams Vater nie die Absicht gehabt, deinen Vater miteinzubeziehen.«
»Sobald er mit seinen Forschungen fertig ist, wird er ihn rauswerfen, Fanny.«
»**WOVON** redet ihr?! Das geht gar nicht. Das Ganze ist Dads Idee, es ist seine Forschung, seine Theorie ... Diese Arbeit ist jetzt sein Leben! Kann ja sein, dass ihr Sams Vater nicht mögt, aber bleibt locker, mal ehrlich.«
»Hier, lies selbst, Fanny.«

In dem Moment, als ich mich gerade entspannen wollte und mir sagte, dass Capucine sich alles nur einbildete und dass diese nutzlosen Fotos nichts bedeuteten, fiel mein Blick auf das Display ihres Handys. Es gab einen Absatz, in dem Dads Name auftauchte, aber ich musste ihn mindestens zehnmal lesen. Ich suchte nach einer Schwachstelle oder einem Fehler in diesem Text, einem Irrtum, der beweisen würde, dass alles nur ein Missverständnis war.

Doch Leif und Capucine
hatten recht ...
Und ich war gezwungen,
es einzusehen.

So lautete der Absatz in etwa:

> Es wird verfügt, dass Hubert Cloutier,
> der anfangs als anonymer Mitarbeiter gegen
> Bezahlung (Details im Anhang) beteiligt ist, entlassen
> wird, sobald das Forschungsprojekt in die operative
> Phase eintritt.
> Ein Team von erfahrenen Wissenschaftlern wird ihn
> ablösen, um die von Monsieur Cloutier bis dahin
> geleistete Arbeit zu evaluieren.

Ich saß eine gute Minute lang da, starrte auf das Display von Capucines Handy und fragte mich, was das Schlimmste an diesem Absatz war.

Die Tatsache, zugeben zu müssen,
dass diese ganze Sache ganz einfach

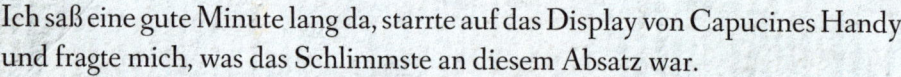

wahr sein konnte?

Oder aber ...

... die brutale Erkenntnis, dass ich etwas in den Händen hielt, was

DIE MACHT HATTE, DEN GROSSEN TRAUM MEINES VATERS ZU ZERSTÖREN.

Während ich noch um meine Fassung rang, legte sich Sams Hand auf meine. Diese Berührung sagte mir, dass er es auch gelesen hatte und nun Bescheid wusste. Und auch, dass er sich schämte:

Dieser Mann war sein Vater und er konnte nichts dafür.

Ich weiß nicht, warum, Tagebuch, aber in diesem Moment war es mir nicht möglich, Sam in die Augen zu sehen. Dabei spürte ich ganz genau, dass er auf ein Zeichen von mir wartete. Er wollte von mir hören, dass diese Sache uns nicht auseinanderbringen würde, dass ich es ihm nicht übel nahm und vor allem, dass ich ihm abnahm, dass er von alledem nichts gewusst hatte.

Aber dazu war ich nicht in der Lage. Deshalb wandte ich den Kopf ab und ließ das Schweigen für mich sprechen.

*Früher war ich naiv,
aber diesmal muss ich meine Familie schützen.
Und solange ich nicht die Gewissheit hatte,
dass Sam von den Absichten
seines hinterhältigen Vaters nichts wusste ...*

... WERDE ICH IHM NIE MEHR
vertrauen können.

Das wollte ich mit meinem Schweigen ausdrücken. Und Sam begriff es ... denn er stand wortlos auf und ging. Doch bevor er die Tür hinter sich zumachte, drehte er sich noch einmal um und sagte leise:

»Ich bin nicht wie er, Fanny.«

»...«

»Ich werde mit meinem Vater reden.«

Nachdem Sam verschwunden war, beschlossen wir anderen, nach Hause zu gehen. Françoise schickte mir danach noch sieben Nachrichten, aber ich musste allein sein, Tagebuch, und habe nicht geantwortet.

Ich bin jetzt seit einer Stunde zu Hause und Dad ist zum Glück noch nicht da. Ich sage *zum Glück*, denn ich weiß beim besten Willen nicht, wie ich ihm sagen soll, was ich weiß. Keinesfalls gleich heute Abend. Aber ehrlich gesagt weiß ich nicht, ob ich es lange vor ihm verheimlichen kann.

So etwas nennt man:
eine Zwickmühle.

Als ich das letzte Mal
in einer steckte,
hatte ich eine ungute Vorahnung.
Das war,
als ich die Wahrheit über den Tod
meiner Mutter erfuhr.

UND ICH HATTE 1.000-MAL RECHT

MAMA IM JAHR 1998

Mama, bitte lass Dad
und mich nicht im Stich. Nicht hierbei, nicht jetzt.
Ich würde so gern wissen, was du an meiner Stelle tun würdest ...

Bis bald
F. x

Dienstag, 25. April
21 Uhr

Zeit gewinnen

Der Garten der alten Manaka ist mein Zufluchtsort geworden, jedenfalls das beste (und einzige) Mittel, das ich gefunden habe, um Zeit zu gewinnen und vor allem einem Gespräch mit Dad auszuweichen. In vier Tagen habe ich bestimmt 256 verschiedene Arten von japanischem Unkraut (und Blumen) ausgerissen und meine Hände sind inzwischen so rau wie Sandpapier.

Als sich die alte Manaka heute Abend zu mir in den Hof setzte, merkte ich, dass sie mir – im Gegensatz zu Dad – meine plötzliche Leidenschaft für Pflanzen keine Sekunde abgekauft hatte.

»Oh! Wie ich sehe, hast du es geschafft, alles zu beseitigen, was in meinem Garten lebt, Fubuki.«

Ich hob den Kopf und wusste nicht recht, was ich dazu sagen sollte.

»Ich weiß. Entschuldigung. Ich werde Ihnen neue Blumen kaufen, Manaka.«
»Dein Vater macht sich Sorgen um dich, Fanny. Offenbar hast du mit keinem deiner Freunde mehr Kontakt. Weder mit denen in Kanada noch hier.«
»Das hat mein Vater gesagt?«
»…«
»Ha, er sollte sich tausendmal mehr Sorgen um sich selbst machen, wenn Sie meine Meinung hören wollen.«

Kaum hatte ich das gesagt, bekam ich Angst, eine Tür geöffnet zu haben, die sich nur schwer wieder schließen ließ. Doch Manaka reagierte gar nicht darauf und plötzlich bekam ich Lust, ihr alles zu erzählen. So kam es, dass ich ihr, mit beiden Händen in der Erde und ohne es geplant zu haben, das bedrückende Geheimnis anvertraute, das ich seit vier Tagen mit mir herumtrug.

Manaka ließ mich geduldig zu Ende reden und – typisch für sie – sagte dann (in wenigen Worten) sehr viel.

»Ich denke, du weißt genau, was du zu tun hast, Fubuki.«
»Nein! Nein! Ich schwöre, dass ich es nicht weiß, Manaka!«
»Bist du dir sicher?«
»...«
»Ich glaube, dass man sehr oft weiß, was zu tun ist. Aber man ist wie gelähmt, weil man nicht weiß, was für Folgen es hat.«

Ich liebe die alte Manaka, aber dass sie immer recht hat, geht mir tierisch auf die Nerven.

Eines ist sicher:

Wenn ich eines Tages alt und weise und verschrumpelt bin, werde ich auch alle Leute belehren. Vorläufig aber denke ich, dass ich mein Pensum an Gartenarbeit erfüllt habe. Ich habe absolut keine Ahnung, **WIE** ich es hinkriege, aber ich habe beschlossen, dass Dad das Recht hat, die Wahrheit zu erfahren.

Bis später,
Fanny

Mittwoch, 26. April
13:03 Uhr

Gefühl
für Prioritäten

Leonie

> Ich habe mich echt lange zurückgehalten, aber es ist EINE WOCHE her, seit du gesagt hast, dass du mit mir reden willst! Seit deiner schrägen Geschichte mit den Füchsen herrscht Funkstille. Falls du es dir anders überlegt hast, sag's BITTE.

Leonies Nachricht war das Erste, was ich sah, als ich heute früh die Augen aufschlug. Da habe ich ihr natürlich ganz schnell geantwortet. Ich hatte es mir keineswegs anders überlegt, aber im Chaos der letzten Tage hatte ich einfach zu viel anderes im Kopf.

Austausch von Nachrichten
26. April 7:33 Uhr in Kyoto
25. April 13:33 Uhr in Quebec

Fanny
> Ich hab dich nicht vergessen, ehrlich. Möchte mich entschuldigen. Sorry.

Leonie
> Ach was, ICH muss mich entschuldigen.

Fanny
> Ich habe dir keine Chance gegeben, es mir zu erklären. Ich wollte dich nur aus meinem Leben streichen ... Nach allem, was du für mich getan hattest.

Leonie
> Kann sein, aber ich habe dich hintergangen.

Fanny
> Kann sein, aber ich habe keine Sekunde versucht, mich in dich einzufühlen.

Leonie
> Denkst du wirklich, was du da schreibst?

Fanny
> Ich will nicht, dass wir uns streiten. Vor allem nicht wegen eines Jungen.

Leonie
> Ja, geht mir genauso.
> ... Wie geht's jetzt weiter?

Fanny
> Weiß nicht.
> Wieder bei null anfangen?

Leonie
> Warum nicht?

Leonie
> :)

Fanny
> Meinst du, du kannst mir zum Beispiel einen klitzekleinen Gefallen tun?

Leonie
> Na, du kommst aber schnell auf den Punkt!! ;)

Leonie
> War ein Scherz! Was?

Fanny
> Haha! Ich geb's zu. Du könntest Henri sagen, dass ich sehr gern mit ihm reden würde, aber vorläufig brauche ich noch Zeit. Ich muss hier ein Riesending regeln, aber ich möchte ihm etwas sagen. Im Moment geht es aber nicht.

Leonie
> Meine Güte, dein Leben ist nie einfach, Fanny Cloutier.

Fanny
> Du hast keine Ahnung, wie sehr das gerade zutrifft, Leo.

Leonie
> Warum sagst du das?
> Alles in Ordnung????

Ich hätte Leonie zu gern alles erzählt, aber ich sagte mir, dass ich Prioritäten setzen musste. Und wie hätte mir Leo von Kanada aus helfen können?

Fanny
> Ach, ist eine lange Geschichte, aber bald wirst du alles erfahren.

Leonie
> Okay …
> Wann meldest du dich wieder?

Fanny
> Echt bald. Ehrenwort!
> Aber gib mir noch ein paar Tage. xx

Leonie
> Okay. xxx

Schwer zu sagen, ob es an der Versöhnung mit Leonie oder an Manakas Denkanstoß lag, aber als ich heute Morgen in die Schule kam, erschien mir alles ... sagen wir: weniger kompliziert. Eins stand fest: Ich wusste, was ich tun musste, und mir war klar, dass ich dafür meine Freunde brauchte.

*Also, Unterricht hin oder her,
ich musste eine Möglichkeit finden,
um mit Leif, Françoise und Capucine zu reden*

und natürlich ... mit Sam.

Das einzige Problem war, dass sie sicher nicht besonders gut auf mich zu sprechen waren, da ich ihnen in den letzten Tagen aus dem Weg gegangen war. Deshalb ließ ich, als ich das Klassenzimmer betrat, MEINEN GANZEN CHARME spielen, damit sie mir eine Minichance geben würden. Mit eindringlichen Blicken und Gesten winkte ich sie an meinen Tisch. Sie ließen sich zwar Zeit, aber schließlich kamen sie alle vier an.

*Ich habe mir übrigens im Park der Füchse den Knöchel verstaucht.
Ergebnis: Es tut weh UND ich habe einen Verband am rechten Fuß,
darf aber meine Converse in der Schule tragen.*

»Ich weiß, was ihr mir sagen werdet, aber in 3 Minuten und 24 Sekunden wird es läuten, also gebt mir bitte diese Zeit, um es euch zu erklären, okay?«

Dass Françoise seufzend die Arme verschränkte, war kein gutes Zeichen, wie ich fand.

»Ich weiß, das ist alles megaschwierig für dich, aber du kannst uns nicht links liegen lassen, wie du es seit Freitag tust, und hoffen, dass wir hinterher noch zu dir halten!«
»Genau. *I don't like that.*«
»Weiß ich alles. Ich ...«
»Ich bin bereit, dir zuzuhören.«   *Oh, Capucine hält ihr
Versprechen Nr. 1 (nett zu sein).*
»Sam, du sagst nichts?«

»Ich weiß nicht. Vertraust du mir plötzlich wieder?«
»Ich denke, ja. Ich meine: Ja, ich vertraue dir.«

Ich hatte aber offenbar zu lange gezögert. Im Übrigen wurde mir schlagartig klar, dass letzten Freitag zwischen Sam und mir etwas zerbrochen war, doch was genau, wusste ich nicht. Ich verdrängte diesen Gedanken: Die Vorstellung, ganz allein zu sein, wenn ich Dad aufklärte, war zu schlimm.

Ich war erleichtert zu hören, dass Sam seinem Vater nichts gesagt hatte und dass, abgesehen von uns fünf (und ja, der alten Manaka), niemand wusste, dass meinem Dad seine Forschungsergebnisse geklaut werden sollten. Und als die Glocke läutete, hatten wir zumindest den Ansatz eines Plans.

Übermorgen werden wir, wie verabredet, um Punkt 13 Uhr zu meinem Dad ins Labor gehen. Und dann werden wir ihm ALLES erzählen. Und den Rest werden wir einfach improvisieren. Was bleibt mir anderes übrig?

Fortsetzung folgt ...

(Muss los, zum Sportunterricht. Zum Glück darf ich wegen meines verstauchten Knöchels zuschauen.)

Fanny xo

Donnerstag, 27. April
22:53 Uhr

(Drastische) Planänderung

Als ich von der Schule nach Hause kam, saß Dad allein am Küchentisch. Er las nicht, er kochte nicht und bewegte sich nicht mal; er wirkte total in sich gekehrt. Komisch, dachte ich.

»Was machst du hier, Dad? Wieso bist du nicht im Labor?«
»Ich habe auf dich gewartet.«

MEIN ZIEL:
Jedes tiefgehende Gespräch mit ihm vermeiden.

»Ah, schade ... Ich habe leider jede Menge Hausaufgaben zu machen.«
»Fanny, komm und setz dich!«

Dad hat definitiv ein Händchen für perfektes Timing. Ich meine, in weniger als 24 Stunden wäre ich in der Lage, ihm alles zu erzählen, und nun will er ausgerechnet jetzt ein **VATER-TOCHTER**-Gespräch führen?! Ergebnis?

Ich war kein bisschen darauf vorbereitet
und da kam es zu ...

dem hier:

»Ähm ... Habe ich etwas angestellt?«
»Aber nein, Fanny. Schatz, ich möchte mit dir reden, weil ich in den letzten Tagen viel nachgedacht habe.«
»Okay.«
»Und ich sehe ein, dass ich in den letzten Monaten nicht genügend für dich da war. Aber das wird sich ändern.«

Auweia. Mir ist es ehrlich gesagt lieber,
wenn mein Vater in sich gekehrt ist,

als wenn er von Veränderungen spricht.

»Ich muss Dimitri sagen, dass es so nicht weitergeht! Wenn er mit mir arbeiten möchte, muss er das Tempo runterfahren. Ich möchte in **MEINEM** Tempo arbeiten. Auf unsere Art, Fanny.«

Dad stand auf, als könnte er seine plötzliche Überdosis an Entschlossenheit kaum noch im Zaum halten.

»Und das bedeutet: Entweder er akzeptiert es oder es ist aus! Ich lasse mich von ihm nicht länger wie ein kleiner Angestellter behandeln, verflixt noch mal!«

Ich musste weder vom Küchentisch aufstehen noch ihm in die Augen sehen. Meine ernste Stimme gab Dad zu verstehen, wie heikel diese Sache war.

»Dad, tu's nicht!«
»...«
»Er wäre überglücklich, wenn du kündigen würdest.«

Als Dad erstarrte und mich mit Fragezeichen in den Augen ansah, merkte ich, dass ich zu viel ausgeplaudert hatte. Und so kam es, dass ich gezwungen war, ihm alles zu erzählen, obwohl ich es ganz anders geplant hatte.

— Klar, dass Dad mir zunächst nicht glaubte. —

»Ich weiß, Schatz, dass es dir hier nicht gefällt. Und ich verspreche dir, dass wir eine Lösung finden. Aber es hilft nichts, wenn du mir solche Dinge über Dimitri erzählst, die du dir …«
»Dad, es ist nicht wegen Japan, glaub mir! Wenn ich es darauf angelegt hätte, dass wir wegziehen, wäre mir das auch auf andere Weise gelungen. Du kennst mich doch!«
»Richtig, ich kenne dich, Fanny.«

Dads Gesichtsausdruck blieb weiterhin skeptisch und mir dämmerte, dass er mir ohne Beweise **KEIN WORT** glauben würde. Deshalb bat ich Capucine per Handy, mir alle Fotos zu schicken, die sie im Büro von Sams Vater gemacht hatte. Ergebnis? Zwölf Minuten später musste Dad wohl oder übel einsehen, dass ich die Wahrheit gesagt hatte.

Weißt du, was komisch ist, Tagebuch? Dass ich nicht weiß, ob ich das Richtige im richtigen Moment getan habe. Will sagen: Heute Abend ist alles um uns herum zusammengebrochen, weil ich den Mund aufgemacht habe. Jetzt habe ich nichts mehr unter Kontrolle! Mein armer Dad stand förmlich unter Schock.

Ja, **MEIN VATER** ist am Boden **ZERSTÖRT.**

Freitag, 5. Mai
21:24 Uhr

Ein Fernseher
und ein Traum an der Wand

»Fanny, ich muss jetzt allein sein.«
»Okay, kein Problem.«
»...«
»Ich gehe in mein Zimmer, Dad.«

ICH WEISS. Acht Tage, in denen ich dir nicht schreibe, sind eine Ewigkeit. Besonders unter diesen Umständen.

— Aber lies weiter, dann verstehst du. —

GRUND 1: Wie du siehst, sind nicht mehr viele Seiten übrig und ich wusste, dass ich dich nach allem, was in letzter Zeit passiert ist, noch sehr, sehr brauchen würde, Tagebuch.

GRUND 2: Ich hatte die letzte Woche unheimlich viel um die Ohren. In diesen sieben Tagen haben mich Sam, mein Vater, mein verstauchter Knöchel, der echt höllisch schmerzt, (und das Leben an sich) **KOMPLETT** in Beschlag genommen. Warum?

Also: Als Dad sich nach diesem Tiefschlag wieder einigermaßen erholt und seine Gefühle wieder unter Kontrolle hatte, wichen sein Schock und seine

Scham, von Sams Vater dermaßen hereingelegt worden zu sein, einer unbändigen Wut. Glaub mir: So viel Zorn hätte ich ihm gar nicht zugetraut.

Ich war nicht da am Samstagabend, als Dad spontan beschloss, loszugehen und Dimitri zur Rede zu stellen. Aber von Sam weiß ich, dass mein Dad nach einer lautstarken Diskussion den Fernseher packte und an die Wand donnerte. So etwas sieht ihm gar nicht ähnlich! Er ist normalerweise der friedlich-relaxte Zen-Typ. Zum Glück war Yoko dabei, die Dad davon überzeugen konnte, lieber zu gehen – bevor er das ganze Haus (und sein Ansehen) noch komplett demolierte.

UFF

Die gute Nachricht ist, dass dieser Vorfall Sam genauso bestürzt hat wie mich, aber er hat uns nicht so stark auseinandergerissen, wie ich dachte. Soll heißen: Natürlich sind wir nicht mehr zusammen (sprich: Wenn wir uns unterhalten, dann immer mit Abstand), aber …Wir ignorieren einander nicht mehr.

Das ist doch schon etwas, meinst du nicht auch?

Aber ich habe keine Ahnung, wie es mit Sam und mir weitergeht. Ich weiß nicht mal, ob wir überhaupt noch zusammen sein können, nach allem, was wir erfahren haben. Aber darüber kann ich nicht groß nachdenken, weil ein anderes Problem tausendmal dringender gelöst werden muss:

In genau einer Woche müssen wir unser Sozialkunde-Projekt abgeben und vor der gesamten Schülerschaft vorstellen. Und wir haben **KEINEN BLASSEN SCHIMMER**, was wir präsentieren sollen!

Eines weiß ich jedoch mit Sicherheit: Madame Clara wird uns den Kopf abreißen, wenn sie erfährt, dass wir an keinem einzigen der sechs Nachmittage, die wir im Forschungslabor meines Vaters hätten sein sollen, vor Ort waren.

Ich muss dich verlassen, Tagebuch. Du wirst es nicht glauben, aber Sam hat mir gerade geschrieben, dass er vor der Tür steht. Vor meiner! Ich bin nicht blind. So lautete seine Nachricht:

„Hey, ich bin hier … vor deiner Tür."

Spinnt er oder was? Es ist 21:34 Uhr und (wichtiges Detail!) ich bin im Jogginganzug. Gut, ich schreibe später weiter ………………………………

Bye, F.

((gleiches Datum))
23:01 Uhr

MEIN NICHT-ERSTES-MAL

Sam ist gerade gegangen. Und ich glaube, ich habe getan, was zu tun war. Nein, ich *weiß*, dass dem so ist. Ich bin mir fast absolut sicher, dass ich gerade mein Nicht-erstes-Mal erlebt habe.

Nicht-erstes-Mal bedeutet, dass es hätte passieren KÖNNEN, aber NICHT passiert ist.

Als ich die Tür öffnete und Sam dastehen sah, mit einem großen Strauß gelber Margeriten in der Hand, begriff ich, dass er gekommen war, um sich mir zu versöhnen.

»Komm schnell rein. Dad muss nicht wissen, dass du da bist.«
»Wieso? Will er, dass wir uns nicht mehr sehen?«
»Das spielt keine Rolle. Es ist fast zehn, Sam, mitten unter der Woche und ... Ich darf eigentlich niemanden mit in mein Zimmer nehmen.«
»Oh. Okay ...«

SAM FOLGTE MIR IN MEIN ZIMMER.

Ja, IN MEIN ZIMMER.

Ich weiß, es war ein Spiel mit dem Feuer.
Aber ich habe Vorkehrungen getroffen.

 Ich machte die Tür hinter uns zu und stellte einen Stuhl unter die Türklinke, um sie zu blockieren. (Keine Ahnung, ob dieser Trick funktioniert, aber ich habe es schon tausendmal in Actionfilmen gesehen. Und einen Versuch war es wert!)

 Ich machte Musik an (*Lady Gaga*, nicht gerade ideal, aber gut), in der Hoffnung, damit unsere Stimmen zu übertönen; aber klar, dass mein Dad etwas mitbekam.

VERFLIXT...

»Spatz? Mit wem hast du geredet?«
»Ähm, mit Leonie, am Handy!«
»In der Küche?«
»Bin schon im Bett, Dad, gute Nacht!«
»Dann gebe ich dir noch schnell einen Gutenachtkuss.«
»Nein! ICH SCHLAFE schon!«
»Aber ich höre doch Musik …«
»Hilft mir beim Einschlafen. Gönn mir doch etwas Freiraum!«
»Schon gut …«

Unfassbar, wie nervig mein Vater in unpassenden Momenten sein kann.

Ich setzte mich auf die Bettkante – ohne daran zu denken, dass Sam es als Aufforderung auffassen könnte, sich zu mir zu setzen. Jedenfalls saßen wir plötzlich nebeneinander, in einem Schweigen, das nichts, so GAR NICHTS Entspanntes hatte. Ich weiß nicht, was nach Sams Meinung zwischen meinen sechs Kopfkissen und meiner dicken Daunendecke passieren würde, aber allein schon der Gedanke an die vielen Möglichkeiten versetzte mich in Panik.

Ich saß also reglos da und sah ihn nur an. Lächerlich, ich weiß. Den Margeritenstrauß hielt ich wie einen Schutzschild vor mich und hoffte dämlicherweise, Sam würde gleich etwas Beruhigendes oder Lustiges oder auch Banales sagen.

Doch er blieb

stumm.

Oder besser gesagt:
Er beugte sich vor und küsste mich.
Ab da konnte ich es nicht mehr verhindern,
dass mein Körper rückwärts aufs Bett sank.
Überflüssig zu sagen, dass die
Situation TOTAL außer Kontrolle geriet,
als Sam beschloss, dasselbe zu tun, und
wir uns plötzlich beide in der
Horizontalen befanden.

Sam über mir.
Ich unter Sam.
Gemütlich ist was anderes.

Als wäre das noch nicht stressig genug gewesen, musste ich plötzlich an Dad denken und an die internationale Krise, die ausbrechen würde, wenn er doch in mein Zimmer kam und mit eigenen Augen sah, was sich keine zehn Meter von ihm entfernt abspielte.

In der Sekunde, in der ich mich fragte: *Was mache ich, wenn Sam versucht, seine Hand unter mein Oberteil zu schieben?*, hatte ich plötzlich eine Eingebung, Tagebuch. Ich spürte, dass es nicht passieren durfte, auch wenn Sam es sich erhoffte.

Ich erkläre es. Ich weiß, dass er nichts forderte, ich es mir vielleicht nur einbildete und er (vermutlich) keine spezielle Absicht hatte. Aber ich musste mir eingestehen: Ich bin nicht bereit für *mein erstes Mal* – oder für sonst etwas in dieser Art.

Nicht heute Abend.
Nicht so.
Und (obwohl ich in ihn verliebt bin)
nicht ...

mit ihm.

»Sam, hör auf!«

Sam richtete sich auf. Ganz abrupt. Er starrte ziemlich lange an die Decke.

»Es ist wegen dieses anderen Jungen. Henri, richtig?«

Sams Stimme verriet mir, dass er weder wütend noch verärgert war. Eher traurig, würde ich sagen. Und das hat mich beruhigt. Mir fiel ein 250 Millionen Kilo schwerer Felsblock vom Herzen. Ich setzte mich ebenfalls auf, strich meine zerzausten Haare glatt und nahm all meinen restlichen Mut zusammen, um Sam in die Augen zu schauen.

Ich wusste, dass ich ihm zumindest das schuldig war.

»Ich denke, ja.«

Diese Antwort kam ganz spontan, Tagebuch, aber ich schwöre dir, dass sie mega-ehrlich war. Damit will ich sagen: Auch wenn ich **ABSOLUT NICHT** weiß, wann der »richtige Moment« kommen wird, so würde ich ihn doch gern mit Henri erleben.

Das lässt mich daran denken, was die alte Manaka diese Woche sagte, nämlich, dass man in seinem Inneren die Antworten auf seine Fragen bereits kennt. Das bedeutet aber auch, dass man sich für sehr lange Zeit alles Mögliche einreden kann, wenn man nicht auf seine innere Stimme hört.

Kurzum: Ich fühle mich megaschlecht, wenn ich es sage, aber um ganz ehrlich zu sein: Ich wusste von Anfang an, dass es mit Sam nie wie mit Henri sein kann.

Und das Seltsamste bei alldem ist, Tagebuch, dass ich beim besten Willen nicht erklären könnte, warum. Ich weiß es einfach und fertig.

»Du, Sam ...«
»Sag nichts, Fanny.«
»...«
»Ich hoffe, dass dieser Henri weiß, was für ein Glück er hat.«

Klar, dass ich nichts darauf sagte.
Und klar, dass Sam gegangen ist.

Ich hätte ihm gern nachgerufen: *»Bleib, Sam, bitte! Du bist der Mensch, den ich hier in Japan am meisten mag. Ich will dich nicht verlieren!«* Aber ich schwieg. Aus Scham, aus Respekt, aus Freundschaft vermutlich. Ich blieb auf meinem Bett sitzen wie erstarrt, unfähig, mich zu bewegen, bis ich hörte, dass sich die Wohnungstür schloss.

Ich stellte mir vor, wie Sam ganz allein durch die Straßen von Kyoto ging. Und ich dachte auch an Henri, am anderen Ende der Welt, der sein Leben lebte, ohne auch nur eine Viertelsekunde daran zu denken, dass er gerade das Epizentrum einer japanischen Trennung gewesen war. Und ich dachte: Egal was kommt, ich **WEISS**, dass ich die richtige Entscheidung getroffen habe. Und das ist alles, was zählt.

Bleibt nur zu hoffen, dass Sam trotzdem noch mit mir befreundet sein will.

Bleibt nur zu hoffen, dass Henri mich noch haben will (ganz einfach).

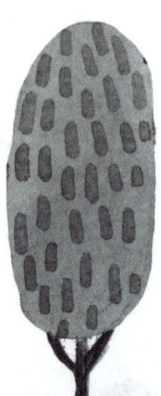

Bis bald,
Fanny

Sonntag, 7. Mai

Büstenhalter 75B
mitten in der Nacht

Jetzt steht's fest. Definitiv.
Ich muss Leonie das mit dem Zeitunterschied erklären.

> ZWISCHEN
> JAPAN UND QUEBEC
> SIND 13 STUNDEN
> ZEITUNTERSCHIED!!!

Müsste man sich eigentlich merken können, oder?!

Stell dir vor: Leo weckte mich um vier Uhr in der Nacht, um etwas von BHs zu faseln, von ihrer Akne und einem Brief, der zu lange brauchen wird, um bei mir anzukommen.

AUSTAUSCH VON NACHRICHTEN
7. MAI, 4:08 UHR IN KYOTO
6. MAI, 15:08 UHR IN QUEBEC

Leonie
> Ich muss mit dir reden.

Leonie
> NOTFALL!!!!

Fanny
> Ernsthaft, ich hoffe, es ist was Wichtiges, Leo. Hier ist vier Uhr morgens.

Leonie
> Oh, entschuldige!!!! Ich begreif das mit der Zeitverschiebung nicht. Tut mir echt leid. Melde dich einfach, wenn du wach bist.

Fanny
> Ach was, zu spät. Nicht so schlimm, habe dieses Wochenende sowieso kaum geschlafen.

Leonie
> Wieso??

Fanny
> Wegen meines Ex, würde ich sagen.

Leonie
> Deines EX??? Ich wusste gar nicht, dass du einen Freund hattest.

Fanny
> Doch, aber ich habe Schluss gemacht. Was gibt es denn nun so Dringendes?!

Leonie
> Ich habe so viele Pickel, dass ich wie eine Pizza aussehe, ein ALBTRAUM. Seit ich die Pille nehme …

Leonie
> DIE Pille!!! Warum schreibst du nichts?! Ich habe MINIMUM 3 kg zugenommen. Und meine Brüste haben sich quasi verdoppelt. Inzwischen brauche ich 75B.

Fanny
> ?

Leonie
> Ich rede von BHs.

Fanny
> KLAR. Bin ja nicht BLÖD. Aber mal ernsthaft: Du weckst mich mitten in der Nacht, um über BHs zu reden?

Leonie
> Nein. Ich habe mit Henri geredet.

Fanny
> UND? ?!?!?!?!?!

Leonie
> Er hat gesagt, dass er dir einen Brief geschickt hat. Wenn du ihn liest, wirst du alles verstehen.

Fanny
> Äh, willst du mich veräppeln?
> Es dauert Monate, bis sein Brief hier ist.

Leonie
> Er hat ihn gestern weggeschickt und rein theoretisch müsstest du ihn in 7 Tagen kriegen. Ich hab's überprüft.

Fanny
> Mist, das ist uncool. Aber auch praktisch, eine Intelligenzbestie zur Freundin zu haben.

Leonie
> Hey, ich bin keine Intelligenzbestie!!

Fanny
> Ich weiß. ;) Kann ich jetzt bitte weiterschlafen?? Ich bin müde!!

Leonie
> Okay. Gute Nacht.

Fanny
> Dir auch xxxx

PS:

Dad ist mit Yoko in der Küche, sie backen Crêpes ...
Ich denke, das ist eine gute Nachricht. Ja, es beweist,
dass er nicht völlig am Boden zerstört ist.

Übrigens: Auch wenn es vermutlich gut ist, dass er seit
Donnerstagabend nicht mehr ins Labor geht, bin ich irgendwie
total daneben, weil ich nicht weiß, wie es hier weitergehen wird.

Ich meine: Eigentlich macht es keinen Sinn, überhaupt noch
in Japan zu bleiben, wenn Dad nicht mehr an seinem
Forschungsprojekt arbeitet.

Ich muss mit
ihm reden, um
Klarheit zu
bekommen.

Und
zwar bald.

Bis bald,
F. xx

Mittwoch, 10. Mai
21:24 Uhr

Alles Verhandlungssache?
NEIN!

Okay, ich muss zugeben, dass Sam wirklich die Gabe hat, für alles eine Lösung zu finden. Aber deshalb darf er noch lange nicht glauben, dass er immer recht hat.

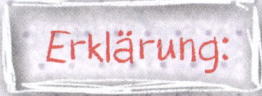
Erklärung:

Leif, Françoise, Capucine, Sam und ich hatten uns am Montag darauf geeinigt, dass es höchste Zeit war, Madame Clara zu beichten, dass wir nicht in der Lage sind, unser Sozialkunde-Projekt wie geplant am Freitag (vor der ganzen Schule!!!) vorzustellen.

Auch wenn wir glaubten, sämtliche Reaktionen vonseiten unserer Lehrerin in Betracht gezogen zu haben, reagierte Madame Clara völlig anders als erwartet! Kurz gesagt: Als wir sie am Dienstagnachmittag informierten, sagte sie KEIN WORT. Sie hörte uns nur zu und setzte sich dann auf ihr Pult, mit einem so skeptischen Gesicht, wie ich es noch nie gesehen habe, Tagebuch. Es war mehr als offensichtlich, dass Madame Clara sich fragte, ob wir ihr wirklich

die ganze Wahrheit sagten und nichts als die Wahrheit.

 In einem Anflug von Verzweiflung und da wir wussten, dass wir nicht viel zu verlieren hatten – abgesehen von 30% unserer Gesamtnote im Fach Geisteswissenschaften –, beschloss ich, die Sache in die Hand zu nehmen.

»Wir lügen nicht, nur weil Ihnen die Wahrheit nicht gefallen würde, Madame. Außerdem habe ich mir den Knöchel verstaucht! Das ist doch ein Beweis, oder?«
»Ich würde meinen Vater niemals so schwer belasten, wenn ich mir nicht absolut sicher wäre, dass es stimmt, Madame.«

Sam hätte kein besseres Argument finden können, um unsere Lehrerin zu überzeugen. Es sah ganz so aus, als sei sie bereit, uns zu glauben.

 und letzter Punkt: Keine Ahnung, ob Madame Clara bereit sein wird, uns aufgrund all dieser Umstände von unserem Schulprojekt zu befreien. Sie sagte nur, dass sie Zeit brauche, um über „diese ganze Sache" nachzudenken. Aber eines weiß ich ganz sicher, nämlich:

Meine neue Freundschaft mit Sam muss
– gleich nach dem Bonsai der alten Manaka –
das Zerbrechlichste in diesem Land sein.

Als Madame Clara schließlich das Klassenzimmer verließ, blieben wir fünf reglos mitten im Raum stehen. Man sah uns an, dass wir genauso erschüttert waren wie unsere Lehrerin; ein bisschen so, als wenn die Ereignisse durch diese Schilderung viel wahrer geworden wären, hoffnungsloser und wahrer, ja.

Als wir uns endlich aufrafften, um zum Essen zu gehen, fragte mich Sam, ob er mich sprechen könne. Im ersten Moment dachte ich, er wolle mit mir über den Freitagabend reden – aber die Scherben unserer Lovestory sind offenbar das Letzte, was ihn beschäftigt.

»Ich habe mit meinem Vater geredet.«
»Verstehe. Er ist schließlich dein Vater.«
»Ich wollte dir nur sagen, dass er deinem Vater eine Entschädigung anbieten wird.«
»Wie bitte?«
»Ich spreche von … sehr viel Geld.«
»Pfff. He, da hat er sich geschnitten, wenn er denkt, er könne sich alles kaufen auf der Welt, nur weil er reich ist.«
»Reg dich ab. Mein Vater ist kein Monster, Fanny. Er hat einen Fehler gemacht und weiß es, glaub mir. Jetzt versucht er, die Sache irgendwie wiedergutzumachen. Immerhin.«
»Irgendwie wiedergutmachen? Wie bitte?«
»Egal, es betrifft uns nicht mehr. Es ist eine Sache zwischen unseren Vätern und es geht um eine Entschädigung. Ich wollte dir nur Bescheid sagen.«

Nach diesen Worten zog Sam ab. Er fegte davon wie ein Windstoß und ließ mich wie eine alte Socke liegen. Krass, Tagebuch, dass sich die Leute einreden können, sie hätten gewonnen, wenn sie in einem Gespräch das letzte Wort haben. Aber nicht wirklich, wie ich finde. Wenn Sam denkt, dass im Leben alles eine Verhandlungssache ist, dann hat er sich **GESCHNITTEN**!

Zu aufgebracht, um weiterschreiben zu können.

Bis bald,
Fanny

PS:

Capucine hält ihr Versprechen
und ich muss sagen,
dass sie sich echt korrekt verhält.
Sogar nett ist. Muss die Liebe sein. Das sage ich,
weil ich Leif gestern im Turnen dabei ertappte,
wie er ihren Rücken streichelte.
Die beiden sind definitiv zusammen!
Na, was habe ich gesagt!!!

Capucine + Leif =

Sonntag, 14. Mai
20:30 Uhr

Ein Orangensaft,
ein Angebot und

SEHR VIEL FEIGHEIT

»Fanny, was machst du, mein Herz?«
»Nichts, ich zeichne.« *In Schwarz-Weiß, weil zurzeit in meinem Leben alles grau ist.*
»Kannst du zu uns in die Küche kommen? Wir würden gern mit dir reden.«
»Wer, wir?«
»Yoko und ich.«

Als ich heute früh die Küche betrat, begriff ich, dass ich ganz offiziell eine Stiefmutter habe. Die seltsame Art von Kimono im Pyjama-Stil, die Yoko trug, verriet mir, dass sie bei uns übernachtet hatte.

»Hat sie hier geschlafen?«
»Fanny! Wende dich an Yoko, wenn du sie etwas fragen willst.«

Yoko, die übrigens allmählich ganz gut Französisch spricht, hatte alles verstanden.

»Ja, ich hier schlafen. Okay für dich, Funny? Wenn ich …«
»Ja, ist mir egal. Es ist nur irgendwie … schräg für mich, weil Dad und ich immer zu zweit waren, aber es ist mir egal, ehrlich.«

Yoko hatte im Großen und Ganzen begriffen, was ich gesagt hatte, und *ich* begriff, dass Dad mir keinen Orangensaft geben würde, solange ich nicht saß und ihm zuhörte.

Also setzte ich mich hin.
Was blieb mir anderes übrig?

»Dimitri hat mir ein Angebot gemacht, Zuckerschnute.«
»Ich weiß. Sam hat es mir gesagt. He, er spinnt ja total, wenn er glaubt, wir würden sein Geld annehmen!«
»...«
»Dad? Warum sagst du nichts?«
»...«
»Sag jetzt nicht, dass du es annehmen wirst!«
»Es ist wirklich sehr viel Geld, Fanny.«
»Na und?!«

Ich sprang auf.
Konnte nicht anders.
Ich hatte einen Standpunkt
zu verteidigen.

»Spatz, ich finde es rührend, wie sehr du es dir zu Herzen nimmst, aber es ist eine Entscheidung, die dich nicht betrifft ...«
»Ach nee? Es betrifft mich nicht, dass mein Vater zu feige ist, um zu kämpfen?«
»Fanny, nicht in diesem Ton! Nach allem, was ich durchgemacht habe!«
»Ich rede, wie ich will!«
»Du solltest besser nachdenken! Und wenn du **REIF** genug bist, um in Ruhe zu reden, werde ich dir erklären, wie es weitergeht!«
»Ah, weil alles schon entschieden ist, hm?! Wie üblich! Ich wette, du hast schon die Flugtickets gekauft und wirst mir gleich sagen, dass ich innerhalb von 48 Stunden gepackt und mich von meinen neuen Freunden verabschiedet haben muss! Ich werde ja neue finden, richtig? Ist es das?«
»Fanny.«

»Du hast recht, Dad. Ich gehe jetzt in mein Zimmer, um nachzudenken. Aber in Sachen Reife kannst *du* mir sicher nichts vormachen. Klopf also bitte **NICHT** an meine Tür, um dich dafür zu entschuldigen, dass du ... ähm ... Ach, vergiss es!«

IM ERNST:

Mir fehlten die Worte,
um das Unsagbare auszusprechen.
Ich! Um Worte verlegen. Kommt wahrlich nicht alle Tage vor.

// PS: //

Ich kann nur hoffen, dass Dad bald wieder zu Sinnen kommt und merkt, dass er gerade den größten Fehler seines Lebens macht.

Fanny

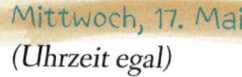

(Uhrzeit egal)

Immer noch nichts
angekommen

Ich will dir nur schnell sagen, dass Henris Brief immer noch nicht angekommen ist. Komisch, sind jetzt zwölf Tage. Mein Tagebuch ist fast voll, tut mir leid. Ich **SCHWÖRE**, dass ich dir alles erzählen wollte, aber im Moment schießen mir nur lächerliche Szenarien durch den Kopf:

Hat Henri mir geschrieben, um mir ...

.... die größte Liebeserklärung aller Zeiten zu machen?
..... zu sagen, dass ich für immer aus seinem Leben verschwinden soll?
.... zu sagen, dass er mit einem anderen Mädchen zusammen ist? — Kotz

Aber genau genommen
weiß ich nichts, rein gar nichts.

Und es liegt nicht daran, dass ich **NICHT ALLES** getan hätte, um an diesen Brief zu kommen. Ich bin in den letzten Tagen sogar so oft zum Postamt gegangen, um mich danach zu erkundigen, dass der Schalterbeamte nur den Kopf schüttelt, wenn er mich sieht, noch ehe ich ihn frage. Hätte ich nur früher gewusst, was ich in puncto Liebe will! Dann wäre es nie so weit gekommen.

Verdammt.

Ich wollte auch erzählen, dass ich mich allmählich damit abfinde, dass Dad die fette Abfindung akzeptiert hat, die Dimitri ihm anbot. Dad tut sowieso immer, was er will, egal, was ich davon halte – also was soll's? Der Haken an der Sache ist nur, dass ich nicht weiß, wie hoch diese Summe ist. Dad weigert sich kategorisch, darüber zu reden.

Es muss allerdings echt viel Geld sein, wenn er so ein Geheimnis daraus macht, oder? Ich meine, wenn es nur 20 Dollar wären, hätte er es mir gesagt. Ich würde übrigens eine ausgezeichnete Detektivin abgeben.

Wow.
Sind wir jetzt also echt reich?

Haken Nr. 2: Dad ist neuerdings **STÄNDIG** zu Hause. Klar, er hat ja keinen Job mehr. Komischerweise reden wir aber weniger miteinander als früher, als er noch die Menschheit retten wollte. Im Übrigen weiß ich nicht, was er im Moment ausheckt, aber da er mir nichts verrät, nehme ich mal an, dass es etwas ist, mit dem ich **NICHT** einverstanden wäre. Meinst du nicht auch, Tagebuch?

ABER: GUTE NACHRICHT!!!

Madame Clara hat mit meinem Vater gesprochen und als er ihr bestätigte, dass alles, was wir ihr erzählt hatten, wahr war, bot sie uns einen Deal an. Im Großen und Ganzen gab sie uns drei Wochen mehr Zeit als den anderen, um ihr im privaten Kreis unser mündliches Referat vorzustellen. (Sam wollte nicht, dass die ganze Schule erfährt, was sein Vater getan hatte, und das verstehe ich.) Unser Sozialkunde-Projekt ist also kein totales Fiasko!

Jawohl.
Hurra sogar.

Fanny xxxx

Freitag, 19. Mai
7:42 Uhr

Roadtrip-Entscheidung

Hallo!
Mir bleiben nur noch sieben Seiten, Tagebuch, und ich wollte etwas Platz sparen, für den Fall, dass Henris Brief doch noch ankommt, aber jetzt geht es nicht mehr anders: Ich muss dir **DRINGEND** schreiben.

Im Moment sitze ich mit Françoise und der alten Manaka in einem Zug nach Hiroshima. Der Bonsai, dem ich zum Glück nicht ganz den Garaus gemacht habe, hat sich wieder berappelt und wir holen ihn nun zu dritt aus dem Lazarett ab, 360 km von Kyoto entfernt.
Warum Françoise dabei ist? Na ja, sie wollte unbedingt mitkommen, weil sie mir einfach nicht glaubt, dass es so etwas wie ein Lazarett für Bonsais gibt.

Seltsam, dass Françoise nach so vielen Jahren in Japan noch nicht mitgekriegt hat, dass hier **ALLES MÖGLICH** ist!

Aber ganz gut so.
Ich freue mich, dass sie mitkommt.

Jetzt, wo ich im Zug sitze, verstehe ich besser, warum Dad heute Morgen darauf bestanden hat, uns zum Bahnhof zu bringen. Am Bahnsteig drückte er mich zum Abschied so fest an sich, als würden wir uns zum letzten Mal in diesem Leben sehen.

»Morgen sind wir zurück, Dad. Morgen. Bleib cool!«

Dann drückte er mir einen Brief in die Hand. Spontan dachte ich nur ... O nein! Als er mir das letzte Mal von Hand einen Brief geschrieben hat, wurde mein Leben **KOMPLETT** auf den Kopf gestellt.

»Lies ihn im Zug, meine Süße.«

Dad lächelte mich an. Schien ihm doch irgendwie peinlich zu sein, dass er nicht den Mut hatte, mir direkt zu sagen, was er zu sagen hatte. Beim Anblick des superschönen japanischen Papiers merkte ich, dass es um etwas eher Wichtiges gehen musste.

»Drück mich nicht so fest, Dad. Ehrlich, du erstickst mich.«
»Entschuldige. Gut, dann geh. Ich hab dich lieb.«
»Ich dich auch.«
»Und ich werde dich lieben, egal wie deine Entscheidung ausfällt, Zuckerschnute.«
»Hä? Was meinst du mit ›Entscheidung‹?«

Als ich Dad gerade sagen wollte, dass mir sein blöder Brief nicht reichte und ich eine Erklärung hören wollte, winkte mich Manaka in den Zug, der gleich abfahren würde.

Das mit dem edlen japanischen Papier war tatsächlich der perfekte Trick von Dad, um eine öffentliche Diskussion zu vermeiden.

Tja, was blieb mir anderes übrig?
Ich muss seinen Brief aber erst lesen, danach melde ich mich zurück. Françoise lässt mir keine Ruhe und sagt dauernd, ich solle ihn endlich aufmachen!

*Wünsch mir Glück,
Tagebuch! xx*

WIE BITTE?!

*Nein, also wirklich!
Wie kann er mir das antun?*

Ich meine, ich war mir sicher, absolut sicher, dass Dad sämtliche Möglichkeiten ausgeschöpft hatte, um mich zu überraschen. Von wegen!

Mein Vater hat sich wieder mal selbst übertroffen.

Aber woher soll ich bitte schön wissen, wofür ich mich entscheiden soll? Wo liegt dieses Kamerun überhaupt? Ich muss unbedingt mit Leonie reden! **OMG**. Ah, ich habe eine Idee! Und was für eine!!!

Aber ich habe keine Seiten mehr ...

MIST, MIST, MIST!

Okay, ich gebe dir ein **BOMBENSICHERES** Versprechen, warte! Ich lasse Dad so lange zappeln, bis er mir ein neues Tagebuch kauft. Ich weiß nicht, was mich in den nächsten Monaten erwartet, aber eins steht fest: Du wirst bei mir sein.

*Fortsetzung folgt. Ganz, ganz bald!
Versprochen!*

Fanny xx

Stéphanie Lapointe ist eine wahre Alleskönnerin. Wenn sie Musik aufnimmt, Klavier spielt oder Filmrollen verkörpert, fühlt sie sich pudelwohl. Sie mag es zwar nicht besonders, in Flugzeuge zu steigen, tut es aber dennoch gelegentlich, um Dokumentarfilme zu drehen. Stéphanie lebt in Montreal und ist ganz verrückt danach, sich Geschichten auszudenken.

Marianne Ferrer malt, seit sie denken kann, und ist überglücklich, damit nun ihr Geld zu verdienen. Sie ist in Venezuela geboren und in Kanada aufgewachsen. Ihre Inspiration nimmt Marianne aus all den vielen Formen und Farben, die die Natur bereithält. Sie liebt es zwar, unterschiedliche Techniken auszuprobieren, lässt ihre geliebten Aquarellfarben aber immer einfließen.

Alle Fotos von shutterstock.com:

© Nagib, © Maxim Tupikov, © Itana, © eAlisa, © Ievgenii Meyer, © t50, © akiyoko, © matin, © redstone, © siro46, © AlexandrAl, © kirillov alexey, © matin, © Yai-Sirichai, © Angie Makes, © rose, © kritskaya, © Magnia, © Paladin12, © GalapagosPhoto, © Dragana Jokmanovic, © airdone, © binik, © homydesign, © antalogiya, © Della_Liner, © Jacob_09, © P U P S I K L A N D, © Fuzzy-LogicKate, © Luria, © FlyingPig, © Dinkoobraz, © Maryna Kulchytska, © Luria, © holaholga, © Rolau Elena, © solarbird, © Zizibuka, © Roman Sigaev, © BlurryMe, © Vesnin_Sergey, © RRice, © Jullius, © Nebula Cordata, © Tina Bits, © Andrius_Saz, © Alex Solovyev, © VolodymyrSanych, © necozawa, © necozawa, © katieromanoff_art, © Khaneeros, © RRice, © pticelov, © xpixel, © Anastasia Shemetova, © Hanast, © Chinnapong, © samui, © Runrun2, © xpixel, © Ninja Artist, © Oleksandr Rybitskiy, © Wallpaper photographer, © profartshop, © archicad-3d, © Naoki Kim, © Ann Yuni, © Ola Tarakanova, Kopie © Yevhenii Orlov, © sumire8, © AnastasiiaM, © Charunee Yodbun, © Tanya Syrytsyna, © xpixel, © Sashkovna, © Astro Ann, © sha11nee, © tokokoo, bleu © VolodymyrSanych, © MicroOne, © Backgroundy, © Paladin12, © FOOTAGE, © RRice, © RRice, © PA AOY, © BlurryMe, © W. Phokin, © OttoPles, © Naoki Kim, © Atomorfen Illustration, © olgers, © wrongorright, © Valery Nosko, © BlurryMe, © autsawin uttisin, © sozon, © ilonitta, © Drendan, © PA AOY, © Katyau, © Naoki Kim, © jumpingsack, © robert_s, © WiPhotoHunter, © hasiru

Sollten trotz intensiver Nachforschungen des Verlags Rechteinhaber nicht ermittelt worden sein, so bitten wir diese, sich mit dem Verlag in Verbindung zu setzen.

Das will ich lesen!

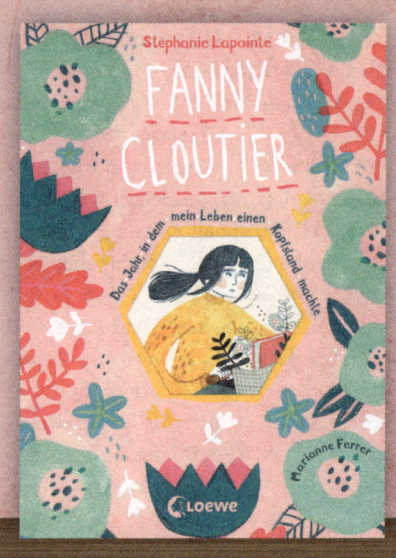

Band 1: ISBN 978-3-7855-0764-6

Band 3 erscheint im Herbst 2021

Mit 14 Jahren hält das Teenagerleben einiges bereit: Schwärmereien, Freundschaft, Schulwahnsinn, Chaos, Geheimnisse und ganz viel Trubel. Fanny Cloutier ist das besondere Buch für Mädchen ab 11 Jahren. In diesem Tagebuch hält die Protagonistin ihr turbulentes Leben fest und nimmt die Leserinnen mit in ihren lustigen und alles andere als perfekten Alltag. Humor trifft auf ganz große Gefühle!

ISBN 978-3-7432-0826-1
1. Auflage 2021
First edition published in French under the title
Fanny Cloutier où mon père m'a forcée à le suivre au bout du bout du monde
by Les éditions les Malins ©.
Text © Stéphanie Lapointe, 2018
Umschlag- und Innenillustrationen © Marianne Ferrer, 2018
Alle Rechte vorbehalten.
Für die deutschsprachige Ausgabe © 2021 Loewe Verlag GmbH, Bindlach
Aus dem Französischen übersetzt von Anne Braun
Umschlaggestaltung: Michael Dietrich
Printed in the EU

www.loewe-verlag.de